나는 생각보다 용감하다

The Courage Habit by Kate Swoboda

내 안의 긍정적 목소리를 듣는 습관 만들기

나는 생각보다 용감하다

케이트 스워보다 지음 · 김은지 옮김

추천사

인생은 길고 또 깊다. 그래서 용기가 필요하다. 살다 보면 두려워지는 순간이 종종 찾아오지만, 겁내지 말고 뛰어들어 변화된 모습으로 다시 떠올라야 한다. 내 인생에서 가장 큰 변화 역시 이러한 순서를 따랐다.

1998년, 우편으로 날아온 학자금 대출 고지서를 처음 열어본 순간 나는 너무나 무서웠다. 거의 1분 동안 할 말을 잃은 채 멍하니 눈만 껌벅거리며 고지서를 쳐다봤다. 이렇게나 많은 돈을 어떻게 매달 갚는단 말인가? 당시 나는 심리학 석사학위를 막 딴 참이었는데, 내게 주어진 재능을 이 분야에서 마음껏 발휘할 수 있음에 그저 감사했다. 그러나 대학원 과정에는 어마어마한 돈이 필요했고, 그렇다고 거기에서 배운 것들을 돈 잘 버는 직업으로 연결하는 방법을 나는 알지 못했다.

도무지 해결할 방법을 찾을 수 없었다. 나는 패닉 상태에 빠졌다. 이 나라를 떠나버릴까, 그래서 은행을 피해 여기저기로 도망 다니는 방랑자로 생을 마감할까 하는 고민도 해봤다. 그러나 감사하게도 나는 다른 결정을 내렸다. 숨을 깊게 들이마신 뒤 내 안에서 휘몰아치던 수치심과 두려움을 고스란히 느꼈다. 눈앞에 있는 이 문제에 정면으로 맞서야 했다. 어떻게 하면 내가 좋아하는 일을 하고 또 내가 가진 재능을 남들과 나누면서 돈을 벌 수 있을까?

질문을 던졌지만 답을 구하지는 못했다. 하지만 나는 내가 미처 발견하지 못했을 뿐, 무언가 새로운 것을 찾을 수 있으리라고 확신했다. 케이트 스워보다가 용기에 대해 내린 아주 멋진 정의처럼, 나는 '미지의 길을 따라갈 준비'가 되어 있었다. 당신의 손에 들린 이 책은 이러한 용기의 순간을 내가 깊이 이해할 수 있도록 도와주었다. 또한 더 큰 용기를 스스로 선택하도록 도구를 제공하고 영감을 선사했다.

용기는 때에 따라 그 크기가 엄청나서 인생을 완전히 바꾸기도 한다. 하지만 아주 사소한 순간에도 용기는 발휘된다. 조금만 더 의식하고, 솔직해지고, 또 동정을 베풀면 우리는 용감한 사람이 된다. 약한 모습을 보이는 것도 용기 있는 행동이다. 스스로에게 정말로 원하는 것이 무엇인지 묻는 것 역시 이루 말할 수 없을 만큼 커다란 용기를 필요로 한다.

그렇다면 왜 어떤 때는 대담한 결단을 내리면서 또 어떤 때는 슬그머니 뒤꽁무니를 빼는 것일까? 케이트는 이 질문에 명쾌한 답을 내놓는다. 바로 '훈련'의 문제이다. 그녀는 용기가 습관이라고 주장한다. 크고 작은 승리를 거두기 위해 매번 힘을 줘야 하는 근육이라고 말이다. 이는 곧 누구나 약간의 인내심을 가지고 올바른 지도를 받는다면 용기의 습관을 몸에 익힐 수 있고 꾸준한 훈련을 통해 더욱 완벽하게 숙련할 수 있음을 뜻한다.

그러나 조심스럽게 접근해야 한다. 변화를 이끌어내기 위해 스스로에게 창피를 줘서는 안 된다. 엄격함을 바탕으로 하는 방식은 정서를 치유하는 데 도움이 되지 않는다. 학자금 대출이라는 난제 앞에서 나는 미지의 길을 따라 걸으면서 스스로를 최대한 상냥하게 다뤘다. 돈과 커리어라는 문제를 해결하기 위해 노력하다 보니 가치관과 능력 발휘, 그리고 안전이라는 내적인 요소들도 심도 있게 고민하게 되었다. 한 걸음씩 내디디면서 나는 나만의 창의적인 사업방식을 찾았고, 내게 주어진 재능과 대학원에서의 훈련을 바탕으로 재무 테라피스트로 일할 수 있게 되었다.

당신의 대범한 여정에도 상식과 청사진 외에 더 많은 것들이 필요하다. 의미 있는 변화를 위해서는 이성 그리고 정서 지능 둘 다 필요하다. 따뜻한 마음과 굳건한 의지가 있어야 한다. 바로 이러한 요소들을 이 책에서 발견하게 될 것이다.

당신이 이 책을 펼치는 데는 용기가 필요했을지 모른다. 이제는 자신감을 가져보자. 케이트는 결코 엄격한 잣대를 들이밀거나 의지만으로 두려움을 극복하라고 소리치지 않을 것이다. 대신 두려움은 누구나 겪는 보편적인 경험으로 수치심을 느낄 필요가 없다며 당신을 안심시킬 것이다. 정말 다행스럽게도 말이다. 당신이 불가능해 보이는 기적 같은 일을 해내도록, 다시 말해 두려움과 친구가 되도록 그녀가 도울 것이다. 그리고 당신이 진정으로 원하는 삶을 향해 용기 있는 선택을 함으로써 내면으로부터 희망의 목소리를 내라고 설득할 것이다.

이 책 한 장 한 장에는 영감과 도움을 주는 전략, 그리고 따스함이 고스란히 배어 있다. 이 책은 겉만 번지르르한 동기부여용 엉터리가 아니다. 애정이 담겨 있을 뿐만 아니라 당장 응용할 수 있을 정도로 실용적이다.

이 책을 표지판 삼아 강심장과 오기가 필요한 크고 작은 순간을 헤쳐 나갈 수 있다는 사실이 매우 기쁘다. 우리 모두가 부드럽게 그리고 조심스럽게 팔을 뻗어 점점 더 커지는 우리의 날카로움을 보듬을 수 있기를. 자각을 중요시하는 마음이 우리의 안식처이자 북극성이 되기를. 우리 모두가 이 책이 전달하는 핵심을 가슴에 새기고 용기 있는 선택을 통해 더욱 풍요롭고 충만하며 진실된 삶을 살기를.

바리 테슬러

차례

시작하며

'이렇게 살고 싶지 않아, 더 이상은'

이제부터 새로운 인생을 살아야겠다는 결심을 하게 되는 날이 있다. 이런 순간은 전혀 예상하지 못할 때 찾아온다. 내 경우에는 12월 샌프란시스코의 추운 겨울, 여느 때와 다르지 않은 지극히 평범한 날이었다. 그날 아침 나는 알람시계의 소리에 몸서리를 치며 잠에서 깼다. 그러고는 단추가 가지런히 달린 딱딱한 셔츠와 몸에 딱 맞게 재단한 정장이 주는 그 느낌에 몸서리를 치며 옷을 입었다. 집을 나서며 꽉 막힐 출근길에 몸서리를 치며 차에 올랐다. 기대할 만한 일은 딱 하나뿐이었다. 하루 업무를 마치면, 그러니까 크리스마스 휴일 전날 퇴근 직전에 잡힌 회의까지만 버티면 앞으로 2주 동안 일에 대한 생각은 조금도 하지 않고 집에서 쉴 수 있었다.

그날 오후, 회의실에 앉아 크리스마스 휴일 동안 새로운 프로젝트의 계획을 구상해야 하는지를 놓고 동료 두 명이 토론을 벌이는 것을 지켜보며 나는 딴생각을 하고 있었다. 그런데 그때 참된 진실이 스스로 모습을 드러냈다.

'이렇게 살고 싶지 않아, 더 이상은.'

나는 항상 극적임보다는 실용주의를 선호하는 편이다. 그래서 깜짝 놀랄 만큼 대단한 일이라고 할 만한 순간은 손에 꼽을 정도로 적었다. 그렇기 때문에 이제 막 알아차린 진실이 얼마나 참된지를 깨닫자 앉은 자리에서 어지러움을 느꼈다. 그만큼 놀라웠다. 과연 언제부터 더는 이렇게 살고 싶지 않았던 것일까? 나는 당시 다니던 직장에 들어가기 위해 부단히도 노력했다. 내가 전문성을 갖춘 동료라는 점을 보여주기 위해 노력했고, 매달 받는 월급으로 학자금 대출을 마지막 십 원까지 모두 갚고 딱딱한 정장을 사기 위해 노력했다. 추가 업무에 자원했고 위원회 활동처럼 업무와 관련 없는 일도 도맡았다. 덕분에 인사팀 사람들이 나는 조용히 불러내 신청만 하면 다음 승진 자리는 내게 돌아갈 것이라고 말하기도 했다.

나는 나 자신뿐 아니라 주변 사람들에게 너무나도 여러 번 바로 이 삶이 내가 원했던 것이라고 말해왔다. 다름 아닌 내가 노력의 결실을 손에 쥔 운 좋은 여성이라고 말이다. 평생 필요 이상의 노력을 기울인 덕에 그 자리에 오를 수 있었다. 그런데 죽을힘까지 다해 노력한 시간이 무색하게도 도무지 이해할 수 없는 생각이 머릿속에서 떠나지 않았다.

'더 이상은 이렇게 살고 싶지 않아.'

불편한 진실은 크리스마스 휴일 내내 나를 따라다녔다. 무시해보려 애를 썼지만 소용없었다. 엄청난 혜택이 따른다고 해도 이제는 직장도 정장도 다 싫었다. 서로 논쟁을 벌이며 권력 다툼에 정신없는 동료들에게 잘 보이기 위해 새로운 프로젝트를 구상하면서 크리스마스 휴일을 보내고 싶지 않았다. 일 년 후에, 또 일 년 후에 같은 인생을 살고 싶지 않았다.

오래전부터 새로운 인생을 살고 싶다는 생각을 해왔지만, 나는 오랫동안 진실을 외면해왔다. 늘 상당한 두려움이 함께했기 때문이었다. 나는 두려움을 없애기 위해 할 수 있는 모든 일을 했다. 무언가 잘못되었다는 느낌을 지우기 위해 일에 몰두했다. 상사와 동료들로부터 인정받기 위해 기꺼이 추가 업무를 떠안기도 했다. 하지만 보이지 않는 이면에서 나는 주기적인 두통과 통증, 그리고 피로에 시달렸다. 짜증과 우울증 사이에서 기분이 널뛰기하듯 요동쳤지만 애써 감춘 채 미소 짓고 고개를 끄덕이며 아무 문제없는 듯 행동했다. 바쁘게 움직이고, 또 내가 얼마나 열심히 일하는지를 칭찬하는 동료의 말을 들으면 기분이 조금 나아졌다. 하지만 갈수록 기분이 좋아지는 일이 드물었고 좋아지더라도 금방 가라앉았다. 다른 일에 집중해도 내 진짜 감정을 덮어두거나 숨길 수 없었다. 더 이상은 이렇게 살고 싶지 않다는 진실을 외면할 수 없게 되었다.

나는 크리스마스 휴일 대부분을 흐릿한 TV 화면을 응시하거나 '극단적인 일기('만약 백만 달러가 있고 시간이 아주 많다면 무엇을 하겠는가?'와 같은 질문에 대한 답을 하는 그런 일기 말이다)'를 쓰면서 보냈다. 일기장에 적은 글귀와 리얼리티 방송을 오가는 도중에 불쾌한 기분이 온몸에 퍼져나갔다. 그 기분의 정체를 파악한 나는 놀라지 않을 수 없었다.

'내가 느끼는 이 감정은 두려움이야. 변해야 한다는 것을 잘 알지만, 나는 지금 변화를 너무나도 두려워하는 거야.'

겉으로 자신감 넘치는 그럴싸한 모습을 보이는 데 너무 집중한 나머지 나는 내 인생 전반에 걸쳐 두려움이 모든 결정을 내리고 있었다는 사실을 깨닫지 못했다. 해야 할 일들을 목록으로 작성해서 관리하고 속으로는 스스로가 부족하다고 생각하면서도 용감한 척 가면을 쓰고 있는 사람은 바로 나였다. 그러나 계속해서 이러한 방식으로 살 수 없다는 사실을 더는 외면할 수 없었다.

감정을 피하는 대신 집중하자 사실은 내가 두려워하고 있다는 점을 알게 되었다. 바로 모든 것을 두려워하고 있었던 것이다. 직장만이 문제가 아니었다. 물론 계속 남아 있을 경우 불행해질까 봐 두려웠고 이직은 생각만 해도 겁이 났다. 그러나 이보다는 깊은 감정이었다. 나는 나 자신이 누구이고 어떤 사람이 되고 싶은지 끝까지 알 수 없을까 봐 두려웠다. 혼란에 빠져 바로 대답하지 못하는 스스로를 질책했다. 가족, 친구, 그리고 동료 중 아무도 내가 느꼈던 혼란에 대해 말해준 적이 없었기 때문에 나는 혼자서 이 감정을 겪고 있다고 생각했다. 진짜 감정에 대해 솔직하게 털어놓거나 남들의 기대와는 다른 결정을 했을 때 사람들로부터 받게 될 평가가 두려웠다. 그러나 아무런 계획이 없었기에 나는 그 순간 필요하다고 생각되는 일을 했다. 두려움을 외면하는 대신 그전까지 단 한 번도 해본 적 없던 행동을 한 것이다. 두려움의 존재와 나도 모르는 사이 두려움이 나를 통제해왔다는 사실을 인정했다. 고민하고 또 고민하면서 '그래, 좋아, 나는 지금 두려움을 느끼고 있어'라고 생각했던 기억이 난다.

두려움이 내 인생을 결정해왔다!

상황을 정확하게 직시하고 나자 또 하나의 깨달음을 찾을 수 있었다. 내게 선택권이 있었다. 다시 예전으로 돌아가 두려움을 외면한 채 지금까지 있던 그 자리에 그대로 머물거나 아니면 다른 방식으로 두려움을 마주할 수 있었다. 용기가 필요하겠지만 내가 찾던 진정한 행복을 만날 수 있는 길이었다.

이후 몇 달 동안 나는 굳게 결심했다. 처음에는 그저 두려움을 마주하겠다는 마음만 먹으면 충분하리라 생각했다. 스스로에 대한 의구심을 떨쳐내면 내가 꿈꿔온 삶을 살 수 있을 것이라고 말이다. 그러나 이후 몇 달이 지나도록 오래된 습관은 쉽게 사라지지 않았고 여러 번 고비가 찾아왔다. 한 발짝 앞으로 나아갔다가 다시 멈추는 과정을 끊임없이 반복했다. 때로는 대세를 거스르는 의견을 당당히 말할 수 있을 만큼 내 안에 용기가 넘치기도 했다. 또는 추가 업무를 거르고 집으로 돌아와 그동안 출세하기 위해 일하면서 손을 놓았던 소설 집필에 집중하기도 했다.

하지만 정반대의 시기도 찾아왔는데, 내 미래가 어디를 향하고 있는지 더욱 불안하고 확신이 서지 않았다. 이럴 때는 또다시 동료들에게 조금이라도 인정받기 위해 위원회 업무를 떠맡기도 했다. 무언가 변해야 한다는 것을 진정으로 알고 있으면서 변화를 위한 행동이 왜 이렇게 어려운 것인지 도무지 이해할 수 없었다. 영화나 TV, 또는 그동안 내가 읽었던 동기부여 책에서는 이렇지 않았다.

처음에는 그저 내가 사실이라고 확신하는 생각으로 돌아오는 것밖에 할 수 없었다.

'더 이상은 이렇게 살고 싶지 않아.'

나는 현재의 삶 대신 무엇을 원하는지 끊임없이 자문했다. 스스로에게 질문을 던졌을 때 생각나는 대답이 너무 평범하거나 완전히 말도 안 된다고 판단했지만, 이내 있는 그대로 받아들이기로 했다.

'글을 쓰고 싶다.'

'이탈리아에서 여름을 보내면서 이탈리아어를 배우고 싶다.'

'어떤 식으로든 다른 사람들이 더 나은 삶을 찾도록 도와주는 일을 하고 싶다.'

'가르치는 일을 하고 싶다.'

불확실 속에서 해답을 찾아 헤맨 그 중요한 시기 동안 내가 얻은 깨달음에 대해 지금은 보다 명확하게 이야기할 수 있다. 무엇보다 불만과 불행은 귀를 기울일 가치가 있는 신호라는 점이다. 현실은 그렇지 않은데도 모든 일이 괜찮다고 말하는 거짓말쟁이가 되기를 거부하는 진실된 모습을 우리 모두는 가지고 있다. 피로, 분노, 무감각, 따분함과 같은 감정을 느낄 때마다 이러한 모습을 만날 수 있다. 인생이 재미없다고 생각된다면, 이러한 감정이 빨리 떨쳐버려야 하는 문제라고 생각하는 대신 왜 이런 느낌이 드는지 그 원인을 찾는데 집중해야 한다.

둘째로, 우리의 욕망은 정당하다. 그것이 소박하든 대단하든, 인생에서 우리가 원하는 것들은 중요하다. 나를 위한 야망이 이기적인 것은 아니다. 진정으로 남을 위하고 베푸는 아량을 가지려면 우리 자신의 내면이 충만해야 한다. 욕망은 충분히 집중할 가치가 있으며 인생의 주된 관심사가 되어 마땅하다.

셋째로, 우리가 원하는 것을 추구하다 보면 늘 어떤 식으로든 두려움이나 자기회의가 따르기 마련이다. 이를 피할 길은 없다. 완벽하게 두려움을 모르는 사람은 없다. 아예 이 세상에 존재하지 않는다. 진정으로 원하는 것을 좇다 보면 결국 두려움을 인정하고 이해하는 단계로 계속해서 되돌아오게 될 것이다. 두려움을 한쪽으로 밀어둔 채로는 해야 할 일을 목록으로 만들어도 아무 소용없다. 무섭고 두려울 때 나타나는 반응을 잘 살펴본 다음 이를 잘 대처하고 극복해야 한다.

마지막으로 변화는 '앞으로 달라질 것이라는 마음가짐'처럼 간단하지 않다. 우리는 모두 생각하고 행동하는 방식에 있어 습관으로 인한 패턴을 가지고 있다. 대담하고 용감한 삶으로의 변화를 원한다면 습관처럼 하는 행동이 변화에 도움이 되는지 아니면 방해되는지를 파악해야 한다. 몸에 밴 습관이 우리가 하거나 또는 하지 않는 행동을 좌우한다.

변화를 거치는 동안 두려움과 습관 형성이 행동에 미치는 영향을 명확하게 이해하면 진정한 삶의 변화를 위한 길을 보다 확실하게 파악할 수 있다. 두려움에 대응하는 행동도 습관이 되어 자리 잡는다. 그래서 생각했던 것보다 훨씬 더 예측 가능한 방향으로 행동한다. 이는 곧 스트레스, 난관, 또는 변화와 마주했을 때 보이는 습관적인 행동이 중요하다는 것을 의미한다. 두려움으로 인해 어떤 습관이 나타나는지를 이해하고 이를 깨뜨린 다음 새로운 용기 있는 습관을 만드는 것이 바로 인생을 바꾸는 방법이다.

두려움도 습관이고 용기도 습관이다

어렵기만 했던 크리스마스 휴일이 있은 지 십 년이 훌쩍 지났다. 이제 내 인생은 그때와는 천지차이다. 두려움에 대한 내 반응과 더 나은 삶을 위한 행동 변화 요소들을 연구한 후 나는 인생상담 코치가 되어 나처럼 인생의 방향을 바꾸고 싶지만 어떻게 해야 할지 막

막한 고객들과 일대일로 일하고 있다. 시간이 지나면서 전문 분야가 좁혀졌고 우리가 어떻게 두려움을 경험하고 용기를 훈련할 수 있는지를 주로 탐구하게 되었다. 이후 나는 개인 단위에서 범위를 넓혀 수련회, 워크숍, 프로그램, 세미나 등을 진행했다. 수천 시간 동안 고객들의 이야기에 귀를 기울이고 행동과학과 신경심리학에 관한 연구를 들여다보면서 나는 인간의 행동과 더불어 변화를 추구하는 과정에서 두려움이 어떻게 작동하는지에 대해 중요한 점들을 알게 되었다.

우리 모두는 삶을 위해 더 많은 것을 원하는 것이 어떤 기분인지 잘 알고 있다. 그렇지만 두려움 또는 자기회의가 너무나도 크기 때문에 선뜻 행동하지 못한다. 무엇을 원하는지는 중요하지 않다. 변화의 크기가 크고 작은지도 관계없다. 우리의 발목을 잡는 것은 '두려움의 습관'이다. 따라서 반드시 두려움의 습관을 바꿔야 앞으로 나아갈 수 있다. 진정한 자기반성과 오래된 습관을 버림으로써 난관을 극복하는 과정에는 엄청난 용기가 필요하다. 한 가지 분명하게 밝힐 점은 바로 용기는 얼마든지 키울 수 있다는 것이다. 용기란 태어날 때부터 주어지는 능력이 아니라 용기 있는 행동이 습관으로 자리 잡을 때까지 학습하고 훈련할 수 있는 여러 가지 구체적인 전략들이다.

회의실을 가득 메운 워크숍 참가자들 앞에 서거나 온라인 강의를 할 때마다 나는 중간에 이런 질문을 던진다.

"당신의 인생에서 어떤 점이 변화되기를 진심으로 바라나요?"

어떤 사람들은 구체적이거나 목표가 있는 일을 하고자 하는 반면 존재 방식 자체를 바꾸고자 하는 사람들도 있다. 인생에서 무엇을 바꾸고 싶냐는 질문에 그들은 이렇게 대답했다.

- 더 많은 시간과 돈.
- 더 큰 즐거움.
- 완벽주의 버리기.
- 나 자신을 의심하거나 자책하지 않고 자신 있게 결정하기.
- 진정한 내가 되기. 내 진짜 모습을 받아들이기. 지금 내 모습도 충분하다고 생각하기.
- 내가 유능한 사람이고 내가 인생에서 원하는 것들을 만들 수 있다고 느끼기.
- 덜 불안해하기.
- 결정할 때 확신하고 할 수 있다고 생각하기.
- 미뤄왔던 책 집필하기.
- 결혼생활 개선하기.
- 남과 비교하지 말기. 다른 사람이 나보다 예쁘고 잘나간다고 생각하지 않기.
- 체중 감량하기.
- 아무것도 바뀌지 않아도 좋다고 생각할 수 있도록 내 진짜 모습을 받

아들이기.

- 나를 비판하는 사람들과 일정한 거리 두기. 다른 사람들의 생각에 신경 쓰지 않기.
- 이직하기.
- 집중해서 시작한 일 마무리하기.

질문에 답한 사람들은 모두 내면과 외면을 일치시키고자 했다. 이는 우리 욕망의 가장 근본적인 뿌리다. 가치관과 가장 깊은 열망, 창의적인 표현 등 마음속에 있는 모습과 일상을 살아가는 모습이 일치되면 개인적인 행복과 만족감이 생겨난다. 우리는 본연의 모습대로 살고 있다는 기분을 느끼고 싶어 한다. 자신을 그대로 드러내고 그것만으로 충분하다고 믿고 싶어 한다.

하지만 질문에 답한 사람들에게 변화를 실천하는 데 무엇이 방해되었는지 묻자, 저마다 수천 가지 다른 이유를 댔다. 시간이나 돈이 부족하다고 말하거나 자신의 성장 과정을 탓하는 사람도 있었고, 쓰레기 같은 전남편이나 건강 문제, 또는 형편없는 직장상사에서 원인을 찾는 사람도 있었다. 그러나 대부분의 이유를 들춰보면 그 속은 같았다. '두려움' 때문이었다. 각자 부르는 이름은 달라도 우리는 결국 두려움을 이야기하고 있는 것이다.

변하고자 하는 욕망을 행동으로 옮기지 않는다면, 자신도 모르는 사이 익숙해진 오래된 두려움의 습관이 우리를 집어삼킨다. 시작은 간단하다. 늘 생각해오던 책을 쓰거나 배우자와 더 잘 소통하는 등 변화를 위한 행동을 하겠다고 마음먹는다. 그런데 막상 해보니 생각과는 다르다. 책을 쓰겠다는 목표를 버리고 페이스북을 선택할 때, 또는 배우자에게 존중을 담은 말 대신 잔뜩 화가 나 무차별 공격을 쏟아 부을 때는 자신이 '두려움'을 느끼고 있다고 생각하지 않는다. 바뀌겠다고 해놓고 그 순간 바뀌지 않은 것에 대해 타당하고 합리적인 이유가 충분하다고 여긴다.

두려움에 대처하는 뇌의 자세

새로운 행동방식을 따를 때 우리는 스트레스를 받는다. 스트레스는 두려움과 동의어라고 볼 수 있다. 똑똑한 신체기관인 뇌는 스트레스를 감지하면 더 빠르고 효율적인 해소 방법을 찾는다. 스트레스를 줄이기 위해 뇌는 과거에 스트레스를 효과적으로 해소했던 경험을 바탕으로 여러 충동을 자극하기 시작한다. 어떤 사람은 자기회의감이 들면 일을 미루고 싶은 충동이 드는가 하면 어떤 사람은 나처럼 완벽을 추구하고 더 큰 성과를 내기 위해 뛰어다닌다. 뇌 입장에서는 새로운 행동을 선택해야 하는 어려운 결정 앞에 오래되고 더 친숙한 행동이 스트레스를 훨씬 덜 받는 선택지다. 바로 이러한 이유 때문에 변하는 것이 너무나도 어렵다. 오랫동안 꿈꿔온 것을 향해 나아가는 것처럼 새로운 행동을 하게 되면 뇌는 불안하다는 신호를 온몸 전체에 보낸다. 익숙하지 않은 새로운 일이기 때문이다.

만약 꿈을 좇겠다는 계획을 포기하고 익숙하기에 안전한 길을 선택한다면, 뇌가 진정되면서 우리에게 보상을 제공한다. 예측 가능한 것을 좋아하는 뇌는 익숙한 반응과 습관을 선택하면 '보상'을 주도록 설계되어 있다.

첫발을 내딛는 공포를 느끼며 고민할 때, 그리고 변하고 싶지만 실천하기가 쉽지 않을 때 느껴지는 두려움과 불안, 불쾌감과 같은 충동은 지속성을 통해서 더 편안한 삶을 추구하려는 우리 몸의 생화학적 욕구의 일부이다. 이러한 감정이 내가 원하는 변화가 나와는 안 맞다는 것을 보여주는 신호라고 생각하는 대신 변화에 대한 지극히 정상적인 반응이자 일종의 몸에 밴 자기방어 기제라는 사실을 이해해야 한다.

두려움이 뇌에 미치는 영향을 이해하면 그로 인한 충동을 파악할 수 있고 뇌가 익숙해진 두려움에 대처하는 충동 외에 다른 방법으로 반응할 수 있다는 점을 가르치는 '재훈련'에 돌입할 수 있다. 두려움에 용감하게 반응하고 일상에서 용기 있는 행동을 함으로써 두려움이 대담하고 용기 있는 삶을 방해하는 것을 멈출 수 있다. 용기가 습관으로 자리 잡으면 변화가 이끄는 방향으로 행동하기가 훨씬 수월하다.

오래된 두려움의 습관이 통제할 수 없을 만큼 커지도록 놔두는 대신 습관들을 하나하나 살펴보고 두려움에 어떻게 반응하는지 진솔하게 바라봐야 한다. 그런 다음 지금까지와는 다른 방법으로 용기 있게 대처하겠다는 의식적이고 의도된 결정을 내릴 수 있다. 뇌가 보내는 충동에 대해 이해하고, 습관 형성을 통해서 행동 변화를 유도하는 방법을 알게 되면 내가 '용기 습관Courage Habit'이라고 부르는 테크닉을 훈련해 오래된 두려움의 습관을 버리고 용기 있는 삶을 살 수 있다.

'용기 습관'이란 무엇인가?

이 책에 담긴 코칭 방법은 먼저 당신이 원하는 것과 그것을 얻는 데 두려움이 어떻게 방해가 되었는지 자세하게 묻는다. 그런 다음 용기 습관 과정을 통해 예전과는 다른 방식으로 두려움을 다루는 방법을 보여준다. 나는 코칭을 받는 고객에게 실시간으로 상담을 제공하는데, 일반적으로는 적어도 석 달 정도 격주로 전화상담을 진행한다. 다음 상담까지 고객은 상담 때 이야기한 변화를 실천하고 응용한다. 고객과 나는 코칭을 시작하기에 앞서 주안점Primary Focus을 정의하고 고객이 달성하고자 하는 '가장 용기 있는 자아'가 어떤 모습인지 파악한다.

1장에서는 당신이 인생에서 이루고 싶은 것, 지금까지 회피했던 목표, 또는 특별히 바꾸기 어려웠던 점들에 대해 이야기 나눌 것이다. 그동안 애써 외면했던 큰 꿈이 있는가? 당신의 '가장 용기 있는 자아'가 주도권을 갖는다면, 어떤 점이 달라질 것인가? 당신이 인생에서 가장 절실히 원하는 진짜 욕망을 솔직하게 살펴보게 된다.

2장에서는 습관 형성에 대한 이론을 배우는 흥미로운 경험을 접하게 될 것이다. 습관 형성은 행동 변화를 유도하는 열쇠라고 할 수 있다. 습관은 뇌 안에 있는 신호-행동-보상으로 구성된 고리에 의해 생성되는데, 자세한 내용이 2장에 나와 있다. 이 고리를 이해하면 두려움과 자기회의에 대한 지금까지의 반응을 멈추고 새로운 변화를 받아들이는 데 도움이 될 것이다. 두려움에서 유발된 신호-행동-보상 고리를 따르는 대신 좀 더 효율적인 대안을 배울 수 있다. 또한 두려움이 감지되면 용기 습관의 4단계를 바탕으로 새로운 행동을 만드는 요령도 익힐 것이다. 이를 통해 원하는 보상을 얻을 수 있으며 자기회의, 두려움, 또는 망설임 없이 한층 더 탄력적인 모습으로 인생의 진정한 목표를 향해 나아갈 수 있다.

3장부터 6장까지는 용기 습관의 4단계를 다룰 것이다. 이 4단계는 두려움에 더욱 유연하게 대처하는 데 도움이 된다. 상상만 해도 엄청나다! 두려움을 방해가 되거나 맞서야 하는 감정으로 받아들이는 대신 의구심이 들 때도 탄력성과 현실감을 유지할 수 있는 행동을 선택할 수 있다. 두려움이 완전히 사라지지는 않겠지만 더는 발목 잡히지 않을 것이다. 4단계 훈련을 통해 자신이 추구하는 삶을 직접 만들 수 있다는 믿음이 생겨날 것이다.

각 장은 용기 습관을 단계별로 나누어 설명한다. 용기 습관의 4단계는 다음과 같다.

• 몸에 집중하기.

• 감정 없이 듣기.

• 제한적 스토리 재구성하기.

• 커뮤니티 만들기.

몸에 집중하기: 두려움은 비논리적이다. 의심의 목소리나 내면의 비판을 '논리적으로 따져보기'도 전에 몸에서부터 두려움의 신호가 감지된다. 그렇기 때문에 먼저 몸에 집중해야 한다. 그래야 몸에서 느껴지는 두려움이 걷잡을 수 없이 커지기 전에 감지할 수 있다. 몸에 집중하는 것은 자기회의감에 대응하는 강력한 도구다. 《미국정신건강의학저널American Journal of Psychiatry》에 발표된 논문에는 의식을 기반으로 한 개입이 스트레스와 불안을 해소하며, 이는 삶의 중대한 변화를 만들 때 중요한 요소로 작용한다고 명확하게 설명한다.(카바트-진 외, 1992) 두려움의 작용 원리와 효과적인 대응 방법을 살펴보기 위해 의식적으로 집중한다.

감정 없이 듣기: 우리는 대부분 내면에서 울리는 두려움이나 비판적인 목소리를 아예 차단하고 싶어 한다. 두려움을 극복하기 위해 쓰는 방법들 중 하나다. 우리 사회의 문화는 두려움을 없애려는 마음을 계속해서 강화한다. 자기회의나 비판이 담긴 목소리가 들리면 잠잠해질 때까지 더 큰 소리를 내라는 것이 일반적인 조언이다. 그런

데 이러한 방법이 그동안 효과가 있었는가? 감정 없이 듣는다는 것은 내면의 비평가Inner Critic에 대해 완전히 다른 행동을 취함을 의미한다. 이 비평가와 싸우거나 무시하는 대신 존중을 바탕으로 의사소통을, 경계 설정을 바탕으로 관계를 재형성하게 될 것이다. 시간이 지나면서 종종 잔뜩 화난 채로 깔보는 듯한 이 비판의 목소리가 사실은 생각처럼 두렵지 않다는 것을 알게 될 것이다.

제한적 스토리 재구성하기: 몸에 집중함으로써 두려움의 신호를 파악할 수 있을 만큼 진정하고 두려움에 감정 없이 귀를 기울였다면 이제 '할 수 없다'를 '할 수 있다'로 바꿀 차례다. 이를 위해서는 제한적 스토리를 재구성해야 한다. 긍정적인 주문을 무작정 외우면서 최고의 결과를 꿈꾸라는 것이 아니다! 두려움에 기초한 생각이 시작되는 시점을 놓치지 않고 파악한 다음 이를 바꾸는 방향으로 재구성하겠다는 의식적인 결심을 말하는 것이다. 예를 들어, 두려움에 기초한 생각이 '꿈을 이루려면 너무 많은 시간이 걸릴 거야'라면, '꿈을 이루기 위해 시간이 좀 걸리더라도 내 행복이 달린 일이니까 도전해볼 거야'라고 재구성할 수 있다. 제한적 스토리를 재구성하는 요령을 익히면 원하는 목표가 너무 멀리 있다고 느끼는 자아와 불가능한 것이 없다고 믿는 자아, 그리고 노력과 용기만 있다면 변할 수 있다고 확신하는 자아를 모두 하나로 연결하는 방법을 배울 수 있다.

커뮤니티 만들기: 습관을 강화하는 가장 좋은 방법은 무엇일까? 바로 같은 습관을 훈련하는 사람들과 함께하는 것이다. 이미 의지할 수 있는 든든한 지원군, 즉 용기를 쌓기 위한 훈련에 기꺼이 도움을 주는 사람들이 있는 사람도 있을 것이다. 반면 사랑하는 가족이 있지만 변화를 위한 노력에는 크게 관심을 보이지 않는 경우도 있다. 4단계에서는 훈련을 방해하지 않으면서 타인의 의견에 대처하는 방법을 익힐 수 있다. 또한 마찬가지로 더 용기 있고 진실되며 행복한 삶을 살고자 하는 사람들과 관계를 맺는 방법을 알게 될 것이다.

마지막으로 이 모든 과정을 통해 무엇이 바뀌었는지 돌아보면서 마무리하게 된다. 훈련을 마치고 난 뒤 지난 단계를 뒤돌아보고 얼마나 성장했는지 그리고 얼마나 많은 장애물과 의구심을 뛰어넘었는지를 생각해보면서 보람을 느낄 수 있다. 이 도구를 활용하는 것만으로도 오랫동안 꿈꿔온 삶을 생각보다 훨씬 빨리 실현시킬 수 있다는 것이 정말 즐겁다. 의미 있는 삶의 변화를 위해 평생을 헌신할 필요는 없다! 용기 습관의 도구를 일상에서 활용하는 순간 변화가 시작된다.

두려움에서 용기로

용기에 대한 일반적인 자기계발용 조언은 바로 '긍정적으로 생각하자'라는 주문을 외우면서 두려움이나 의심을 무시하거나 내면의 비평가에게 입 다물고 저리 가라고 명령하라는 것이다. 하지만 이 책에는 이러한 조언이 담겨 있지 않다. 간단히 말해, 장기적인 효과가 없기 때문이다. 만약 정말로 효과가 있었다면 아무도 두려움을 무서워하지 않을 것이다. 우리는 지금까지 의구심과 두려움을 해결하기 위해 이러한 방법을 써왔다. 그러나 두려움을 극복하려고 애쓰는 대신 이 책은 자신에게 솔직한 모습으로 인생의 주도권을 찾고 스스로를 믿는 데서 출발한다. 용기 있는 삶이 어떤 모습인지, 나아가 가장 용기 있는 자아가 되고 싶고, 하고 싶고, 또 경험하고 싶은 것이 무엇인지를 스스로가 직접 결정한다. 그런 다음 용기 습관의 4단계를 바탕으로 머릿속에 그린 그 인생을 만들어나간다. 노력의 결실을 직접 경험하게 될 것이다!

이 과정에 대해 듣는 대부분의 사람들이 처음에는 호기심을 느끼며 희망을 갖기도 한다. 하지만 동시에 조금은 미심쩍어한다. 나는 기업 연수 프로그램을 통해 만난 알렉시스를 잊지 못할 것이다. 상담을 하면서 나는 일에 대해 말하는 그녀의 모습에서 그녀가 자기 일을 정말 사랑하고 있다는 것을 알 수 있었다. 하지만 프로젝트 매니저로서 새로운 아이디어를 선보일 때면 그녀는 늘 자신을 믿지 못했다. 그녀는 회사 내에서 직급이 낮은 직원들과 소통하는 방식을 바꾸고자 했다. 누구나 자신의 목소리를 낼 수 있도록 한층 인간적이고 따뜻한 사무실 문화가 자리 잡기를 바랐다. 하지만 그녀는 이렇게 말했다.

"내가 뭐라고 높으신 분들께 회사가 돌아가는 방법 전체를 바꿔야 한다고 말할 수 있겠어요? 만약 미국 경제를 이끄는 기업인들에게 좀 더 '인간적'이 되라고 이야기하면, 그들은 내가 회의실을 나올 때까지 비웃을 거예요."

우리와 마찬가지로 알렉시스는 오랫동안 이런 생각을 갖고 있었다. '두려움이 없었다면, 내 생각을 말했을 텐데/원하는 대로 바꿨을 텐데/도전했을 텐데.' 그녀는 늘 꿈꿔온 일을 하려면 먼저 공포를 없애는 방법을 찾아야 한다고 생각했다. 알렉시스는 똑똑한 사람이었고 공포를 없앨 전략을 많이 알고 있었지만, 그 공포가 무엇인지를 이해하려고 한 적은 없었다. 우리의 상담은 바로 여기서부터 시작됐다.

용기 습관의 첫 단계로서 몸에 집중하기 위해 알렉시스는 자신의 두려움을 파악해야 했다. 또한 입을 떼려다 멈춘 그 순간에 어떤 일이 일어나고 있는지 정확하게 직시해야 했다. 그녀의 두려움이 속삭이는 말들에서 도망치는 대신 그녀는 내면의 무시무시한 목소리에 귀 기울이기 시작했다.

감정 없이 듣기 훈련을 통해 알렉시스는 그녀를 깎아내리고 대개 시끄럽기까지 한 비판적인 목소리가 시키는 대로 하지 않아도 된다는 사실을 깨달았다. 이후 그녀는 두려움에서 비롯된 제한적 스토리를 재구성함으로써 그녀의 아이디어를 들은 임원진의 반응에 대한 생각을 바꿨다. '내 아이디어가 비판을 받는다고 해도 충분히 공유

할 가치가 있어. 다른 사람들이 어떻게 반응할지는 아무도 몰라.'

그런 다음 알렉시스는 가장 친한 동료들과 아이디어를 공유하면서 커뮤니티를 만들었다. 그녀와 동료들은 부서 책임자와 미팅을 열고 부하직원과의 의사소통에 대한 그들의 생각을 설명했다. 하나의 집단으로서 용기 있게 의견을 내면서 알렉시스는 자신감을 되찾았다. "한번 맞춰보세요." 몇 달 후 상담을 위해 다시 만났을 때 그녀가 말했다. "위에서 저희 의견을 받아들였어요!"

용기 습관의 4단계를 통해 알렉시스는 두려움과 자기회의 뒤로 숨어버리는 오래된 고리를 끊어낼 수 있었다. 습관 형성에 대한 새로운 지식을 바탕으로 더는 자신의 목소리를 내는 것이 쉽게 느껴질 때까지 잠자코 기다리지 않았다. 대신 그녀는 용기 습관의 각 단계를 활용해 정확히 어느 부분에서 두려움과 의심이 그녀를 주저하게 만드는지 파악하고 이를 오래된 습관으로 인식한 다음 이전과는 다른 행동을 선택했다.

당신 역시 지금 인생에서 바꾸고 싶은 무언가가 있을 것이다. 어쩌면 알렉시스처럼 직장에서 보람을 느끼지 못하고 있을지도 모른다. 아니면 가족의 의견에 지나치게 신경 쓰는 모습을 고치고 자신의 목소리를 더 자신 있게 내고 싶은 사람도 있을 것이다. 편도 차표만으로 하는 세계일주처럼 예전부터 꿈꿔온 개인적인 꿈이 있을 수도 있다. 또는 세계가 겪고 있는 문제를 해결하기 위해 변화를 좇는 사람도 있을 것이다. 어쩌면 다니던 직장을 그만두고 싶다고 생각했던 예전의 내 모습과 비슷할지도 모르겠다. 나는 이 깨달음으로 인해 진정한 내가 누구인지 그리고 어떠한 삶을 원하는지를 찾는, 두렵지만 필요한 과정을 시작할 수 있었다.

그동안 상담을 했던 고객들은 저마다 목표도 원하는 것도 달랐다. 그러나 한 가지 공통점이 있었다. 그들은 모두 두려움과 자기회의가 인생을 휘두르는 데 진절머리가 나 있었던 것이다. 그들은 어느 날 자신도 모르게 변화를 위한 '충분한 용기'가 생기기를 바라는 데 지쳐 있었다. 꿈을 이루기 위해 당장 실질적인 행동을 취하고 싶어 했다.

용기 습관의 4단계를 하나씩 훈련하다 보면 당신의 두려움이 아닌 가장 용기 있는 자아가 인생의 주도권을 되찾을 것이다. 용기 있는 삶을 살기 위해 마냥 기다릴 필요는 없다. 바로 오늘, 시작해보자.

무엇을 선택할 것인가?

용기를 훈련하는 과정이 얼마나 어려운지 잘 알고 있다. 나 역시 실수한 적이 있으며 이 과정을 신뢰하는 데 어려움을 겪었다. 그러나 원하는 것을 좇고 두려움에 맞서 용기 있는 삶을 쟁취하는 것이 얼마든지 가능하다는 것도 나는 잘 알고 있다. 이 책을 통해 배운 것을 응용하는 과정에서 '자기계발 쳇바퀴'에 걸리지 않도록 주의하자. 스스로를 향상시키기 위해 미친 듯이 돌고 또 도는 것을 말한다. 내가 만났던 많은 고객들처럼 나 역시 자기계발서를 읽고 워크숍에 참석하며 이러한 노력이 나를 고쳐줄 것이라고 기대하는 등 '나를 고치는 일'에 수년간 매진했다. 내가 찾아낸 문제의 원인은 두려움이었다. 그래서 주문을 외우거나 명상을 하고 또는 상식적인 논리로 반박하거나 맞서 싸운다면 마침내 나 자신으로 충분하다는 생각이 들 것이라고 오랫동안 기대했다. 하지만 지금은 이러한 접근은 구시대적인 발상이며 특히 여성을 겨냥으로 한 방법임을 잘 알고 있다. 그것은 감정과 직관보다는 이성을 중요하게 생각하고 성공하려면 완벽해져야 한다고 강조한다.

이와는 반대로 용기 습관 방법은 불쾌함을 받아들이고 온전한 삶을 살아가는 것에 집중한다. 두려움 그리고 용기를, 의심 그리고 성공을, 확장 그리고 수축을 동시에 수용하는 데 초점을 맞추고 있으며 그 과정 동안 근본적으로 자신의 탄력성, 능력, 그리고 선함을 믿어야 한다고 말한다. 나는 상담을 받는 고객들과 이러한 인간적인 대화를 나누는데, 인생은 목표의 연속이 아닌 지속적으로 노력해야 하는 과정이라는 점에 대해 이야기한다.

과정의 일부가 되려면 시간, 참여, 수정, 그리고 개선이 필요하다. 나는 아직도 삶에서 원하는 것을 추구하거나 불의에 반대하는 목소리를 내고 비판에 맞서면서 종종 두려움에 마주한다. 만약 용기 습관을 통해 얻을 수 있는 도구를 지속적으로 훈련하지 않았다면 제자리걸음만 하고 있을지도 모른다. 이 과정을 겪는 동안 당신 역시 매일 용기 습관 일부를 훈련할 수 있는 방법을 찾아야 할 것이다. 처음 변화와 씨름할 때 나는 스스로에게 책임의식을 심어주고 싶었다.

그래서 공책 맨 뒤에 작은 표를 그린 다음 내가 해야 할 일들을 적었다. 내가 느끼는 진짜 감정을 파악하기 위해 몸에 집중하거나 불필요한 생각을 재구성하는 등 몇 분의 짬을 내서 해야 할 일을 하고 나면 표에 표시를 했다. 종이에 금색 별표 스티커를 붙여도 좋고 알림 메시지가 뜨는 스마트폰 앱을 사용해도 좋다. 책임감을 가지고 매일 할 일을 하도록 동기부여를 할 수만 있다면 어떤 방식을 선택하든 상관없다. 매일 요령 피우지 않고 꾸준히 훈련하도록 도와줄 방법을 찾는 것이 중요하다.

당신이 해야 할 가장 용기 있는 행동은 자신이 누구인지 그리고 어떤 삶을 살고 있는지 진솔하게 들여다보고 행복하지 않다면 인생을 바꿀 결심을 세우는 것이다. 시간이 지나서 뒤돌아보면 자랑스럽다고 할 만한 인생을 살고 있는가? 현재 삶을 표현하고자 할 때 기쁨과 같은 단어가 가장 먼저 떠오르는가? 이러한 질문이 행복하고 보람 있는 삶을 살고 있는지를 판단하는 새로운 기준이 되기를 바란다. 우리에게 주어진 삶은 단 하나다. 좋은 인생을 사는 것이 중요하다. 당신 역시 중요하다. 그리고 당신의 꿈도 중요하다.

우리는 스스로에게 이러한 질문을 던져야 한다. 용기 있는 삶을 살기 위해 두려움에서 비롯된 행동들을 파악하고 이를 바꾸려는 선택을 할 것인가? 어쩌면 우리는 앞으로도 계속 자신은 제쳐둔 채 타인의 비위를 맞추고, 스스로를 몰아붙이며, 자기회의에서 벗어나려 애쓸 수 있다. 변화 앞에서 머뭇거리거나 오랜 꿈을 이룰 수 있는 기회가 주어져도 피할 수 있다. 반대로 나 자신이 더 많은 것을 누릴 자격이 있다고 마음먹을 수도 있다.

우리는 타인의 생각에 대한 걱정을 떨쳐버리고 자신이 원하는 삶을 살도록 스스로를 허락하는 방법을 배울 수 있다. 현 상황을 더 이상 두고 보지 않고 지금까지 걸어온 길에서 이탈할 수 있다. 그리고 용기를 내서 자신에게 더 나은 삶을 만들 능력이 있다는 믿음을 가지는 것도 얼마든지 가능하다. 자신의 목소리를 내고 인간관계, 커뮤니티, 그리고 나아가 전 세계를 변화시키는 용기를 익힐 수 있다. 솔직함을 가장 우선으로 두고 이러한 가치를 중요하게 생각하는 사람들을 찾을 수 있다. 이를 위해서는 두려움을 가감 없이 바라본 다음 용기를 훈련하는 방법을 정해야 한다. 당신에게는 충분한 능력이 있다. 중요한 질문은 이것이다. 무엇을 선택할 것인가?

1장

나의 가장 용감한 자아

아마도 누구나 한 번쯤은 겪어봤을 것이다. 직장에서, 인간관계에서, 또는 인생 전반에서 무언가 잘못되었다는 것을 알면서도 다른 선택지가 보이지 않는 경험을 말이다. 나 역시도 내가 그토록 염원하며 가지려고 애쓰던 삶의 방식이 진정한 나 자신과 어울리지 않는다는 사실을 깨달았지만, 무엇으로 대체해야 좋을지 알 수 없었다. 내가 누구인지, 내가 진정 원하는 것이 무엇인지 몰랐던 것이다. 무엇보다도 어떤 식으로든 변화를 추구하는 것이 두려웠다. 내가 과연 올바른 선택을 할 수 있을지 확신할 수 없었기 때문이다. 따지고 보면 결국 지금 상황을 초래한 모든 결정들은 내가 내린 것이 아닌가? 그 순간까지 여러 결정들을 내려오면서 나는 내 삶이 내가 원하는 방향으로 나아가고 있다고 믿었지만, 현실은 오히려 정반대였던 것이다.

내가 여태까지 내렸던 결정들을 자세히 살펴본 결과, 오랫동안 나 자신이 원하는 방향으로 나아가고 있다고 믿지 못했다는 사실을 깨달았다. 돌이켜보니 그동안 내면의 나침반을 들여다보는 대신 내 몸과 직관이 보냈던 여러 신호들은 무시한 채 사람들이 나를 어떻게 바라보는지 혹은 내가 어떻게 보이고 싶은지만 생각하며 반복적으로 결정을 내려왔다.

집중의 대상을 외적 단서에서 내적 단서로 옮기는 일은 결코 쉽지 않다. 그래서 대부분의 사람들은 이를 가능한 한 피하려고 한다. 지극히 논리적이고 실용적인 내 자아가 이제 모호하고 콕 집어서 설명하기 어려운 욕구에 귀를 기울이려고 애쓰는 동안 나는 종종 혼란스러웠다. 질서와 잘 짜인 순서, 그리고 정돈된 길을 따라가고 싶은 마음이 컸다. 이 길이 지금까지는 나를 행복으로 이끌지 않았지만 적어도 나와 내 주변 사람들이 이해할 수 있는 길이었다. 나는 '마음속 지혜에 귀를 기울이는' 사람이 되고 싶지 않았다. 게다가 직관이라니? 말도 안 되는 소리였다. 과학적으로 증명되지 않은 무엇인가에 귀를 기울일 생각은 전혀 없었다.

문제는 내가 지금까지의 계획을 대체하는 또 다른 새로운 계획을 곧바로 세움으로써 안정감과 통제력을 잃지 않으려고 애를 썼다는 점이다. '큰 꿈을 그리는' 동시에 '현실적인' 사람이 되고 싶었는데,

이러한 목표는 아무런 도움이 되지 않았다. 새로운 계획을 미리 세워서 통제력을 잃지 않으려는 집착을 버려야 했다. 앞으로 인생에서 어떤 계획을 세우든 진정한 나 자신과 내가 진짜로 원하는 것에 초점을 맞춰야 했고, 이는 곧 심도 있는 자아 탐구를 위해 어려운 질문을 던져야 한다는 것을 의미했다.

누구나 이러한 갈등을 겪을 것이다. 확실한 변화를 원하면서도 동시에 구체적인 계획을 세우고 싶어 한다. 물론 둘 다 가질 수 있다. 그러나 동시에 얻는 것은 불가능하다. 그렇기 때문에 변화하려면 먼저 내가 어떤 모습인지 그리고 내가 정말로 원하는 바가 무엇인지를 파악하는 것이 매우 중요하다. 내면의 자아와 자신의 삶을 솔직하게 들여다볼 수 있는 질문을 스스로에게 던질 필요가 있다. 진정한 나는 누구인가? 내가 정말로 원하는 것은 무엇인가? 나에게 행복한 삶이란 어떤 모습인가? 내면의 진정한 자아와 외적으로 보이는 삶을 어떻게 일치시킬 것인가?

나는 모든 코칭 수업을 이러한 질문들에 솔직하게 대답하는 것에서부터 시작한다. 올바른 질문을 던지는 것만으로도 무한한 가능성이 펼쳐지며 오랫동안 잠들어 있던 내면의 자아가 점차 수면 위로 드러나기 시작한다. 이를 가리켜 나는 '가장 용기 있는 자아'라고 부른다.

이번 장에서는 앞서 살펴본 것과 비슷한 질문들을 던질 것이다. 먼저 가장 심도 있고 무거운 질문부터 시작해보자. 삶에서 진정으로,

진심을 다해 원하는 것은 무엇인가? 이 질문에 어떤 대답을 하든 당신의 가장 용기 있는 자아를 들여다볼 수 있는 문이 열린다. 내 자아의 삶의 방식, 중요하게 여기는 가치, 기쁨을 주는 것들, 그리고 가장 원하는 경험 등을 알 수 있는 것이다. 누구나 내면에 가장 용기 있는 자아를 품고 있다. 단지 그 자아를 끌어내기 위해 적극적으로 노력하지 않을 뿐이다. 자기회의에 빠져 허우적거리는 행동 등 가장 용기 있는 자아가 빛을 발하지 못하도록 막고 있던 것들을 모두 치워버려야 하기 때문이다.

이번 장에서는 무엇이 잘 안 되고 있는지 솔직하게 말하기와 가장 원대함 꿈 그려보기, 나의 솔직함에 대해 진지하게 생각해보기 등 다양한 훈련 방법을 소개한다. 이러한 훈련 끝에 발견한 나 자신의 새로운 모습은 마치 '해야 하는 것'에서 벗어나라는 스스로를 향한 커다란 허가서처럼 느껴질 것이다. 나아가 자유롭고 즐거우며 용기 있는 삶이 어떤 모습인지 정의할 수 있을 것이다. 당신의 가장 용기 있는 자아가 드러나면, 내면에 있는 진정한 당신이 앞으로 걸어 나와 외면의 당신이 될 것이다.

'가장 용기 있는 자아'란 누구인가?

나는 코칭을 받는 사람이 원하는 것을 최대한 구체적으로 파악하려고 하는 편이다. 그래야 그곳까지 도달할 지도를 만들 수 있기 때문이다. 고객, 워크숍 참가자, 세미나 참석자 등 다양한 사람들이 인생을 다음과 같이 살고 싶다고 말했다.

- 원하는 감정을 정확하게 전달하고 그 감정을 유도할 결정을 내리는 삶.
- 익숙했던 영역을 벗어나야 하거나 비난을 받더라도 호기심과 즐거움을 추구하는 삶.
- 결과가 보장되지 않더라도 새로운 경험을 시도하는 삶.
- 실수해도 괜찮다는 마음가짐을 통한 더 탄력 있는 삶.
- 용기 있는 행동을 끊임없이 자문하고 그에 따라 행동하는 삶.
- 어려움에도 불구하고 하고자 하는 일을 할 수 있다는 믿음과 목표 달성을 위해 자원을 충분히 활용하는 삶.
- 자신의 성장 경험을 바탕으로 어떤 식으로든 남에게 도움을 주는 삶.

이러한 욕구는 사람들이 살아가면서 어떻게 용기를 기르고 훈련하는지를 연구하는 새로운 학문인 '용기 심리학'의 원리와 완벽하게 일치한다. 2007년, 연구자들은 개인의 용기 있는 태도가 어떤 모습인지를 보여주는 이론 모형을 만들기도 했는데, 여기에는 이러한 마음가짐과 특성이 집합적으로 포함되어 있다.(한나, 스위니, 그리고 레스터, 2010) 그렇지만 가장 용기 있는 자아가 단순히 여러 특성을 한데 모은 것은 아니다. 그보다는 이러한 특성이 표출된 모습이라고 할 수 있는데, 바로 이 점이 중요한 차이다.

한 예로 내가 진행했던 워크숍에 참여해 내면의 가장 용기 있는 자아를 발견했던 요가강사 셰이의 경험을 살펴보자. 워크숍이 끝나고 몇 달 뒤 그녀에게서 연락이 왔다. 워크숍에서의 경험 덕분에 요가를 가르치는 방식에 엄청난 변화가 일어났다는 것이었다. 그녀도 자신의 가장 용기 있는 자아를 발견하기 전에는 다른 요가강사들과 다를 바 없었다. 학생들에게 '동작과 하나가 될 것'을 상기시켰고, 수업이 끝나면 부드럽게 호흡하면서 "나마스테"라고 인사했다. 하지만 나와 함께 워크숍을 한 이후를 그녀는 이렇게 설명했다.

"내 가장 용기 있는 자아가 말이죠, 완전 죽여주는 상여자더라구요! 상스러운 표현 미안해요. 나는 사람들에게 지적도 막 하는 조금은 거친 스타일의 요가를 가르치고 싶다는 사실을 깨달았어요. 말하자면 수업을 이렇게 시작하는 거예요. '여러분, 싫어하는 동작이라고 무조건 피하지 마세요. 저 안에 들어가서 온 힘을 다해 동작에 최선을 다하세요. 스스로 포기하면 안 돼요.' 이 말을 처음 했을 때가 아직도 생생해요. 엄청난 흥분을 느꼈던 것도요. 요가 업계에서 흔히 볼 수 있는 수업과는 완전히 달랐거든요. 변화가 일어난 이후에는 정말로 가죽재킷까지 샀다니까요. 그런데, 사람들 반응이 장난이 아니에요. 제 수업은 언제나 학생들로 꽉 찬답니다. 내 가장 용기 있는 자아가 저를 몰아붙이니까, 나도 학생들에게 안주하지 말고 하기 싫은 일을 피하지 말라고 몰아붙이게 돼요."

셰이는 또한 남자친구와의 관계에서도 안주하고 있었다는 사실을 알게 되었다. 남자친구 말콤과 7년 동안 동거 중이었던 그녀는 결혼을 원했지만 말콤은 그렇지 않았다. 하지만 이제 예전과는 비교할 수 없을 정도로 대담한 그녀의 새 자아에게 안일한 연애생활은 용납할 수 없는 문제였다. 결국 그녀와 말콤은 가슴 아프지만 이별을 선택했다. "최근 다시 데이트를 시작했어요." 셰이가 말했다.

"어떨 때는 형편없기도 해요. 그렇지만 내가 학생들에게 하는 말처럼, 어려운 일이라고 또는 싫어하는 일이라고 어물쩍 넘어가면 안 돼요. 이제 남자친구가 있을 때는 상상도 못 했던 일들을 할 수 있어요. 올봄에 발리에서 한 달 내내 요가강사 훈련 프로그램을 같이 가르치자는 연락을 받은 것처럼 말이에요. 지금은 얼마든지 할 수 있죠. 원하면 언제든지 짐을 싸서 떠나면 되거든요. 이제 진짜 나로 살고 있는 것 같은 기분이에요."

가장 용기 있는 자아가 셰이처럼 반드시 대담한 모습일 필요는 없다. 또 다른 고객 엘렌은 영업사원이었는데 주기적으로 출장길에 올라 고객 앞에서 발표하는 것이 그녀의 업무였다. 그녀는 혼자만의 시간에 이제까지 미뤄왔던 책들을 모조리 읽는 것이 가장 큰 소원이라고 말했다. 처음에는 독서를 하면서 더 많은 시간을 보내고 싶다는 엘렌의 욕망이 그동안 쉼 없이 움직이고 또 움직이느라 지친 몸과 마음을 휴식을 통해 회복하고 싶은 바람에서 비롯되었다고 생각했다. 그리고 어느 정도 여유를 갖고 나면 마음속에 숨어 있는 훨씬 더 대범하고 원대한 꿈이 자연스럽게 모습을 드러낼 것이라고 예상했다. 그러나 알고 보니 엘렌의 꿈은 정말로 독서였다. 그녀는 자신이 원하는 것을 할 수 있는 삶, 즉 독서할 시간이 충분한 삶을 현실로 옮겼다. 직장을 그만두고 크기가 고작 7평 남짓한 작은 이동식 트레일러인 초소형 주택으로 이사해 생활비를 크게 줄였다. 일반적인 기준에 빗대어 보면 이 소박한 삶이 부족해 보일 수 있지만, 이는 엘렌의 가장 용기 있는 자아가 궁극적으로 표출된 결과였다.

"좋은 삶이 무엇인지 스스로에게 물을 때마다 나는 더 많은 책을 읽고 사람들과 책에 대해 이야기하는 모습을 떠올렸어요." 엘렌이 말했다.

"저한테는 그것이 정말 신나는 일이었죠. 하지만 오랫동안 나 자신에게 이런 즐거움을 허락하지 않았어요. 누군가에게 어떤 식으로든 도움이 되거나 베푸는 행동이 아니었으니까요. 그런데 내가 가장 원하는 것이 무엇인지 솔직하게 들여다보니 그 사람이 누구인지도 모르겠더라고요. 전 별로 사교적이지 못해요. 조용한 편이죠. 어릴 때부터 늘 그랬어요. 항상 코를 책에 파묻고 있었거든요. 나는 다시 한번 코를 책에 파묻고 싶었어요."

나중에 엘렌은 글을 사랑하는 다른 사람들과 책에 대해 열띤 토론을 하기 위해 다시 학교로 돌아가 문학 석사학위를 받았다.

셰이와 엘렌은 둘 다 용기라는 같은 자질을 다른 방식으로 향상시켰다. 두 여성은 각자 정말로 원하는 것을 명확하게 한 뒤 자신을 기쁘게 해주는 것을 추구했다. 둘 다 미지의 길을 따라 걸으며 용기 있는 행동에 대해 스스로에게 질문한 준비가 되어 있었다. 결국 자신의 길을 개척하리라는 믿음을 갖고 난관을 헤쳐 나갔다. 그러나 용기 있는 삶을 구성하는 요소들이 표출된 방식은 너무나도 달랐다. 두 여성 모두 각자에게 중요한 것을 바탕으로 자신의 삶을 정의했기 때문이었다. 셰이는 '상여자'처럼 자신이 진정으로 믿는 것을 거침없이 이야기하는 길을 선택한 반면, 엘렌은 내면을 위한 공간을 늘리고 더 차분한 삶을 위한 길을 걸어 나갔다. 처음 삶을 바꾸기 시작했을 때는 둘 다 변화가 가져오는 위험 요소를 두려워했다. 그러나 두 여성은 더는 진정한 자신의 모습과 일치하지 않는 인생에 만족하지 않겠다고 결심했다.

'해방의 날'을 상상하라

나는 '해방의 날'이라고 부르는 연습을 통해 내 인생을 바꾼 큰 통찰력을 얻을 수 있었다. 그것은 내가 고객에게 내주는 숙제 중에서 가장 좋아하는 것이기도 하다. 그저 자리에 앉아 원하는 삶을 대담하고 맹렬하게 살고 있는 자신의 모습을 설계해보는 것이다. 아무것도 주저하지 말고 아주 작은 요소까지 자세하게 담는다. 이 연습의 가장 좋은 점 중 하나는 용기 있는 삶을 해야 할 일들의 연속이 아니라 인생을 살아가는 방식으로 받아들이는 데 도움이 된다는 것이다.

이 연습을 할 때는 '원대한 꿈'과 '현실적인 꿈'을 동시에 그리지 않도록 주의해야 한다. 처음에는 나 역시 비슷한 함정에 빠진 적이 있다. 이 연습은 원하는 삶을 하나도 빠짐없이 적을 수 있는 허가증을 자신에게 선물하는 것이나 다름없다. 어떠한 제약도 없고 현실적이 되기 위해 스스로를 제어할 필요도 없다. 당신의 두려움이 '너무 많은 것을 바라고 있다'라거나 '주어진 시간이나 돈으로는 적고 있는 것을 감당할 수 없다'고 말한다면, 두려움을 무시하라고 조언하고 싶다. 내가 좀처럼 하지 않는 말이지만 말이다. 그리고 과도한 욕심이라고 생각되는 것도 빼먹지 말고 다 적으라는 조언도 덧붙일 것이다. 이 과정에서 자신을 억누르거나 돈이나 시간에 대해 현실적으로 생각하라고 강요한다면 절제되고 현실적인 인생밖에 만들 수 없다. 더 큰 꿈을 그려보자. 원하는 삶을 만드는 데 필요한 세세한 사항은 나중에 생각하면 된다. 지금은 크고 원대한 포부에 집중해보자. 다음 질문을 곰곰이 생각하면서 답을 종이에 적어보자.

내일 아침 눈뜰 때부터 잠자리에 들기까지 모든 시간을 원하는 대로 살 수 있다면, 당신의 하루는 어떤 모습일까? 처음부터 끝까지 자세하게 설명해보자.

우선 어떻게 잠에서 깼는지 묘사해보자. 어디에서 일어났는가? 일어났을 때 어떤 기분이 들었나? 잠에서 깼을 때 기대되었던 점들은?

아침에 일어나서 하는 규칙적인 행동이 있다면 자세히 적어보자. 어떤 일들을 하고 있는지 설명해보자. 너무 즐거운 나머지 일처럼 느껴지지 않는 일이 있다고 가정해보자. 저절로 기분이 좋아지는 일 말이다.

하루 동안 누구와 교류하는가? 어떤 사람들인가? 그들의 관심사 중에서 당신의 관심사와 일치하는 것은 무엇인가?

오후 일정에 대해서 설명한 다음 저녁시간도 묘사해보자.

이러한 삶을 살면서 다른 사람을 위해 무엇을 할 수 있는가? 더욱 큰 목적이 있는 보람찬 하루를 보내려면 어떻게 해야 하는가?

하루 동안 일부러 시간을 낼 정도로 애착과 열정이 강한 프로젝트는 무엇인가? 목표를 달성하기 위해서가 아니라 '재미'를 위해 '뚜렷한 목적' 없이 하는 일은 무엇인가?

함께 살고 있는 사람들을 묘사해보자.

창의적인 욕구를 어떻게 표현하는지 설명해보자.

휴식을 취하고 긴장을 푸는 방법을 적어보자.

가장 용기 있는 자아의 모습 그대로 보낸 하루를 마무리하고 다시 침대에 누우면서 드는 기분을 서술해보자.

이렇게 '해방의 날' 연습을 해보면 사람들의 반응이 제각각이다. 잔뜩 들뜬 상태로 웅장한 계획에 대해 막힘없이 술술 써 내려가는 사람들도 있고, 종이에 펜이 닿기 무섭게 스스로를 불신하는 사람들도 있다. '올바른' 내용을 적었을까? 연습을 '맞게' 했을까? 그런가 하면 자신의 대답이 소극적이라고 생각하는 사람들도 있다.

연습을 진행하면서 나는 이런 얘기를 한다. 이 연습은 용기 있는 삶을 삶의 방식으로 받아들이기 위한 출입구나 마찬가지라고 말이다. 다시 말해, 종이에 적은 삶을 살기 위한 구체적인 계획이 중요한 것이 아니라 용기의 가치를 되새기며 창의적으로 생각하는 것이 핵심이다. 가지고 있는 모든 물건을 팔고 새로운 나라로 이민을 가거나 스카이다이빙과 같은 모험 스포츠를 시작한다고 해서 용기 있는 삶을 사는 사람은 아니다.

물론 예를 든 일들을 하려면 용기 있게 행동하고 두려움에 맞서야 하지만, 진정으로 용기 있는 삶이란 용기의 가치가 '삶의 방식'에 고스란히 녹아 있는 인생이다. 용기를 삶의 방식으로 이해하기 위해 용기의 가치를 존중하고 이를 가장 우선이 되는 개인적 가치로 삼아야 한다.

용기의 가치를 존중하라

용기를 가치로서 인정하고 존중한다는 것은 무언가를 결정할 때 용기를 바탕으로 선택하고 이를 실천으로 옮긴다는 것을 의미한다. 스카이다이빙을 하라는 말이 아니다! 가지고 있는 살림살이를 모두 팔고 이민을 갈 생각이 없는 전업주부라면 육아에 지친 날에 어떤 기분을 느끼고 싶은지 스스로에게 물어보고 그에 따른 선택을 함으로써 용기라는 가치를 존중할 수 있다. 기업의 경영진 자리까지 올라가는 것이 꿈이라면 실수를 하더라도 위험을 감수하고 길을 개척할 수 있다는 자신감을 갖는 것이 곧 용기를 존중하는 방법이 될 수 있다.

용기의 가치를 존중하다 보면 스스로에게 주기적으로 다음의 질문을 던지게 된다. "나의 가장 용기 있는 자아라면 지금 어떤 결정을 내릴까?" 엘렌 역시 인생을 축소하기로 결정하면서 이러한 질문을 고민했다. 하고 싶다는 것 외에는 별다른 이유 없이 대학원에 갔을 때도 마찬가지였다. 셰이도 가죽재킷을 입거나 요가수업 방식을 바꾸고 편안하다는 이유로 권태기에 빠진 연인관계를 지속하는 대신 끝내겠다고 결심했을 때 같은 질문을 스스로에게 던졌다. 이 두 여성은 행동을 통해 용기의 가치를 존중했다. 용기가 '삶의 방식'이라는 생각이 과정의 핵심이었다.

연습을 마친 사람들 중에 흥분보다는 불안을 느끼는 경우가 있다. 그런가 하면 불안하지는 않지만 그 외 별다른 감정이 느껴지지 않으며 과정에 집중하기 어려웠다고 말하는 사람도 있다. 만약 당신도 이들 중 한 명이라면, 전혀 걱정할 필요 없다. 두려움은 여러 형태로 나타난다. 불안, 불쾌감, 선뜻 시작하기 어려운 망설임 모두 두려움의 또 다른 모습이다. 이는 곧 당신의 깊숙한 내면이 변화가 임박했으며 인생에서 중요한 문제가 달려 있다는 것을 인식했음을 의미한다. 이러한 불쾌감 자체가 당신의 발목을 잡는 두려움이나 자기회의를 바꾸는 데 아주 중요한 역할을 할 것이다.

이 책의 각 장을 읽는 동안 용기를 훈련하는 과정에서 다양한 어려움과 마주했던 사람들의 이야기를 만날 것이다. 이들은 두려움이나 불쾌감이 곧 멈추라는 신호라는 생각을 버렸기 때문에 삶을 완전히 바꿀 수 있었다. 한 사람도 빠짐없이 이 연습을 하면서 이번에는 결과가 다를 것이라고 확신하지 못했다. 하지만 의심에 휘말리는 대신 인생을 바꾸는 방향으로 끈기 있게 나아가기로 결정했다. 그 결과 무사히 반대편에 도착했고 자신의 역량을 정확하게 알게 되었다.

연습을 끝낸 후 무한한 가능성에 잔뜩 흥분하는 동시에 어떤 결정을 해야 할지 모르는 막막함과 앞으로 일어날 일에 큰 압박을 느끼는 사람들도 있다. 원하는 목표를 여러 번 수정하는 것은 지극히 정상적인 일이다. 오랫동안 옛 방식을 고수해오다가 새로운 가능성을 고민하다 보니 누구나 의구심이 생기거나 확신하지 못할 수 있다. 중요한 점은 무엇일까? 믿지 못하고 확신도 없으며 '잘한 일'인지 고민하는 것은 당연하다. 나중에 더 자세히 나오겠지만, 변화를 알아차리려는 의지 자체가 오래된 습관을 바로잡는 과정의 첫걸음이 될 수 있다. 이 과정에서 몸을 통해 느껴지는 감정에 집중하는 것만으로도 이미 훈련을 시작한 셈이다!

용기 습관 훈련에 대해 좀 더 깊이 살펴보기 전에 '용기의 가치를 존중하는 방법'을 일상에 적극적으로 적용하는 시간을 갖는 것이 중요하다. 쉽고 집중적인 훈련을 위해 '나의 가장 용기 있는 자아가 주도권을 갖고 있다면 내 삶의 이 부분에서는 어떤 점이 달라질까?'라는 질문을 활용할 것이다. 이를 통해 용기의 가치를 여러 영역에 응용할 수 있다. 그런 다음 각 영역을 먼저 살펴보고 전체로 넘어가게 된다. 질문에 대한 답을 적는 것이 가장 좋지만, 머릿속으로 생각해보는 것도 도움이 된다.

놀이와 여가: 가장 용기 있는 자아에게 주도권이 있다면 여가시간이 어떻게 달라질 것인가? 다시 말해, 멋져 보이기 위해 또는 시간을 효율적으로 보내기 위함이 아니라 오로지 관심사를 바탕으로 결정한다면 여가시간을 어떻게 보낼 것인가?

직업과 직장: 생계와 생활방식을 유지하기 위한 일에 있어서도 가장 용기 있는 자아가 결정권을 갖는다면 어떻게 달라질 것인가? 특히 이직하고 싶은 분야나 항상 꿈꿔온 직업에 대해 생각해보자.

돈: 가장 용기 있는 자아라면 어떻게 돈을 썼을까? 이번 연습의 경

우에는 돈을 어떻게 모으고 쓰는지를 정확하게 판단하고 가장 용기 있는 자아의 선택과 비교하기 위해 직업과 직장과는 별도로 고려해 본다.

가족관계: 부모나 형제 등 직계가족과의 관계는 어떻게 달라질까? 아이가 있다면 가장 용기 있는 자아가 육아에 어떤 영향을 미칠까? 연인 및 친구 관계는 따로 생각해본다.

연인관계: 연인이 있거나 결혼을 했다면 이성친구나 배우자 등이 포함된다. 또는 육체적 쾌감에 대한 전반적인 감정이나 연인이 없다면 가볍게 데이트하는 상대방을 생각해도 좋다. 가장 용기 있는 자아가 책임자라면 연애생활이 어떻게 달라질 것인가?

친구관계: 오래 알고 지낸 친구에서부터 더 잘 알고 싶은 동료까지 모든 종류의 친구를 다 포함한다. 가장 용기 있는 자아의 관점에서 친구들과 어떤 관계를 맺을 것인지 생각해보자.

건강과 신체: 우리의 몸에 관련한 모든 것을 아우르는 영역이며 휴식을 취하거나 운동하고 몸에 영양분을 공급하는 방법에서부터 지금 겪고 있는 질병을 치료하는 방법까지 모두 포함된다.

물리적 환경: 생활하는 물리적 환경 자체를 말한다. 가장 '나'다운 공간을 만들기 위한 가장 용기 있는 자아의 행동을 생각해보자. 함께 살고 있는 사람과의 갈등 해결도 포함된다.

개인적 성장과 발전: 개인적으로 갖고 있는 목표나 스스로를 다그치고자 하는 방식 등을 포함한다. 예를 들어, 평소에 책을 쓰거나 마라톤에 참가하는 것이 꿈인 사람도 있을 것이다. 또한 더 자주 느꼈으면 하는 감정도 포함될 수 있다. 예컨대 '나의 가장 용기 있는 자아에게 선택권이 있다면, 붕 뜬 느낌이나 압박이 덜할 텐데' 또는 '좀 더 확신을 갖고 결정할 수 있을 텐데'라는 생각 등이 있다.

이 연습의 마지막 단계는 적은 내용을 검토하고 눈에 띄는 부분이 있는지 확인하는 것이다. 단번에 눈길을 사로잡거나 '아, 이건 좀 무서운데. 하지만 잘 해낸다면 멋진 인생이 될 것 같아!'라는 생각이 드는 것들을 위주로 살펴보자. 어떤 식으로든 관심을 끄는 내용이 있다면 훨씬 대담한 자아가 보내는 신호라는 점을 생각하면서 눈에 잘 띄게 표시한다.

'주안점'을 설정하라

'해방의 날'과 '용기의 가치 존중하기' 연습을 통해 더욱 용기 있는 삶의 다양한 가능성을 살펴봤다. 그 중 일부는 규모가 작은 편이다.

반면 꽤 파격적인 변화도 포함되어 있다!

인생을 완전히 탈바꿈한다는 생각은 비현실적일 뿐만 아니라 끔찍할 수 있다. 그렇기 때문에 나는 종종 사람들에게 바꾸고 싶은 세 가지를 고르라고 말한다. 그런 다음 이를 이 책의 나머지 장에서 연습할 용기 습관의 '주안점Primary Focus'이라고 생각하라고 안내한다. 세 가지로 범위를 좁히라고 말하는 이유는 한꺼번에 너무 많은 일을 하기보다는 작고 소화 가능한 변화부터 시작하기 위해서다.

주안점은 유명 셰프 앨리스 워터스의 요리책에 나온 모든 레시피에 도전한다거나 모로코에서 2주 동안 살아보기 등 결과가 명확한 가시적 목표와 진정한 자아 찾기나 결혼생활을 망친 습관 이해하기처럼 눈에 보이지 않는 목표로 이루어져 있다. 대개 사람들은 두 가지를 섞어서 세 가지 주안점을 선택한다. 목표나 지향하는 바를 표면적으로 드러내는 것은 언어를 통해서지만, 결국 자신과 자신의 삶에서 바라는 것을 진정으로 드러내는 것은 행동이기 때문이다. 세 개의 주안점을 찾는 과정이 유쾌하거나 흥분되고 살짝 긴장되거나 정말로 신난다면, 올바른 방향으로 가고 있는 것이다.

세 가지 주안점으로 무엇을 선택할지 이미 알고 있다면 종이에 적어보자. 선택한 목표가 너무 광범위해서 약간의 정리 작업이 필요한 경우에는 보다 명확한 주안점을 찾는 데 도움 되는 여러 가지 방법이 있다. 찬찬히 살펴보고 가장 적절한 방법을 고른 다음 응용해보자. 부담이 되지 않도록 한 번에 하나씩 하는 것이 좋다. '완벽함'보다 '완료'가 낫다는 사실을 잊지 말자.

호기심, 흥분, 즐거움: '가장 용기 있는 자아' 또는 '해방의 날' 연습에 대한 답을 살펴본 다음 호기심이나 흥분, 그리고 즐거움을 유발하는 것에 따로 표시한다. 미소를 자아내는 것도 포함한다. 밑줄을 긋거나 다른 색으로 표시한 다음 그 중에서 세 가지를 골라보자. 셰이의 경우 '해방의 날'에 해당하는 답을 살펴보다가 아침에 일어나 검은색 가죽재킷을 걸치는 것과 관련된 글을 발견했다. 주안점의 범위를 좁히기 위해 재킷을 떠올리자 호기심이 발동했고 기분이 좋아졌다. 이렇듯 작고 사소한 불빛을 따라가면서 그녀는 요가강사로서의 삶의 방식에서 벗어나 창의적인 생각을 할 수 있었다.

어떤 미래를 원하는가?: 두 가지 연습을 하면서 적은 답변을 전체적으로 살펴보면서 '앞으로 6개월 후 어떤 인생을 원하는가?'라는 질문을 계속해서 떠올려보자. '6개월 후에 이런 삶을 살고 있다면 정말 좋겠는데!'라는 생각이 드는 답에 밑줄을 긋거나 다른 색으로 표시한 다음 역시 세 가지를 고르면 된다.

가장 용기 있는 자아의 자문을 구하자: 용기의 가치를 존중하기 위해 삶의 다양한 영역에 미치는 영향을 살펴본 것처럼 전반적인 인생 역시 같은 방법으로 고민해볼 수 있다. '가장 용기 있는 자아에게 선택권이 있다면 어떤 세 가지 변화가 일어날 것인가?'라는 질문을 해보자.

금지행동 목록: 더이상 하고 싶지 않은 것을 먼저 설명하다 보면 원하는 것으로 자연스럽게 뒷걸음질 하는 경우도 있다. 어떤 일에 진저리가 나는가? 무엇이 당신의 에너지를 서서히 빨아먹는가? 그만하고 싶은 행동들을 목록으로 정리해보자. 그런 다음 앞서 완료한 두 개의 연습에서 적은 답변을 살펴보면서 특히 새롭게 시작하고 싶은 일들을 찾는다. 예를 들어, 진저리가 나는 금지행동 목록에 '빚을 지는 것'이 적혀 있다면, 연습 때 적은 대답 중에서 빚에서 벗어날 수 있는 용기 있는 삶을 살펴본다. 엘렌 역시 이러한 방법으로 고정관념의 틀에서 벗어나 초소형 주택으로 이사하겠다는 결정을 내리게 되었다.

편안하고 지속가능한 방법으로 앞서 설명한 변화를 추구하려면 최대한 범위를 좁혀야 한다는 점을 기억하자. 용기 습관을 훈련하는 동안 집중할 세 가지 주안점을 골라보자. 도저히 세 개만 선택할 수 없는 경우도 있다. 그러나 용기 습관 훈련 과정이 끝나고 나면 언제든지 새로 시작할 수 있다는 점을 잊지 말자. 한꺼번에 너무 많은 일을 하기보다는 즐거움을 주는 일을 선택해 노력을 집중해야 성공적인 삶의 변화를 달성할 수 있다.

나만의 이유

이쯤에서 잠시 망설여질 수도 있다. 당연한 일이다. 오랫동안 생각만 했던 삶의 변화를 이제는 이룰 수 있다는 사실이 반가울 테지만, 동시에 내가 너무 많은 것을 바라는 게 아닐까 하는 걱정을 하지 않을 수 없다.

고객 중 한 명인 자넬은 이렇게 말했다. "내가 너무 이기적이라는 생각이 들어요." 그녀의 주안점은 엄마로서 24시간 내내 대기하며 한순간도 쉬지 않고 헌신해야 하는 압박에서 해방되는 것과 아이를 낳기 전 그녀의 모습을 되찾는 것이었다. 자넬의 말은 사회로부터 비슷한 생각을 강요받은 다른 여성들의 이야기와 다르지 않았다. 바로 여성, 특히 어머니로서 자신의 요구를 충족하는 데 집중하는 것은 이기적이라는 생각이다.

중요한 점은 더욱 용기 있는 삶을 살고 싶다는 욕구는 자신을 위한 선택과 남을 위한 선택으로 나뉠 필요가 없다는 것이다. 나는 사람들의 변화에 대한 연구결과를 살펴보면서 놀라운 사실을 발견했다. 2009년 발표된 자아정체성에 대한 연구에서 학자들은 목표가 개인뿐만 아니라 집단에 이익을 가져다줄 때 이를 설정하는 과정이 더 성공적일 수 있다는 점을 밝혀냈다. 또한 개인에게만 이익이 되는 목표를 가리켜 '자아상 목표self-image goals'라는 용어를 사용했고 개인과 다수의 타인에게 도움이 되는 목표는 '동정적 목표compassionate goals'라고 표현했다. 연구결과 동정적 목표가 더 달성하기 쉬웠는데, 부분적으로는 목표를 세운 사람이 타인에게도 혜택이 돌아간다는 것을 알기에 더 끈기 있게 목표 달성을 위해 노력했기 때문이었다. 동정적 목표는 또한 목표를 달성하고 난 뒤에 느끼는 결과에 대한 성취감이나 행복감을 올리는 것으로 나타났다.(크로커, 올리비에, 그리고 뇌르, 2009)

내 인생의 변화가 나 자신과 전 세계에 도움이 될 수 있다는 것은 멋진 일이다. 타인을 위해 좋은 일을 할 수 있고 나아가 변화에 성공할 확률도 높아진다. 또한 변화를 달성하고 나면 더 큰 만족감을 느낄 수 있다. 오래된 습관을 버리고 용기 있는 삶을 위해 변화하겠다는 목표 역시 마찬가지라고 생각한다. 보다 용기 있는 모습을 통해 내 삶뿐만 아니라 내 주변 사람들의 인생도 향상시킬 수 있다.

이제 주안점이 나와 내 주변, 나아가 전 세계에 어떻게 도움을 줄 수 있을지에 대해 잠시 생각해보자. 예를 들어, 세계여행이 주안점이라면 누구에게 혜택이 돌아갈까? 처음에는 당신이 유일한 수혜자라고 생각될 것이다. 그렇지만 관점을 조금만 넓힌다면 더 많은 것을 볼 수 있다. 예컨대 지극히 현실적인 면에서 본다면 당신의 여행이 목적지의 지역경제에 어떤 기여를 할 수 있을까? 이상적인 관점에서 볼 경우 세계여행이 당신을 기쁨이 없는 삶에서 구제할 인생 모험이 될 수도 있다. 마른 우물에서는 물을 길을 수 없다. 만약 여행을 하면서 만나는 모험이 내면을 다시 풍요롭게 채우고 당신을 행복하게 만들어준다면 주변에 있는 사람들의 삶에도 긍정적인 영향을 미칠 것이다. 어쩌면 예전보다 더 행복하기 때문에 어려운 시기를 겪고 있는 가족을 더 잘 보살피거나 직장에서 더 나은 팀원이 될지도 모른다. 혹은 자원봉사를 더 열심히 할 힘이 생길 수도 있다. 이 책을 시작하며 이야기한 내용을 떠올려보자. 불행과 불만은 인생에서 무언가 잘못되었다는 것을 보여주는 신호이므로 관심을 기울일 필요가 있다.

가장 용감한 자아를 선보이겠다는 당신의 결정으로 인해 배우자 또는 아이들, 직장동료, 그 외 사람들에게는 어떤 혜택이 돌아갈까? 용기 있는 삶 덕분에 중요하다고 생각하는 문제들에 있어 더 자신 있게 목소리를 낼 수 있을까? 스스로를 돌봄으로써 남들에게 더 많이 베풀 수 있다고 느껴질까? 사람들과 이런 대화를 나누면서 자신에게 중요했던 것들을 되찾고 남들을 더 많이 도울 수 있는 내면의 의지를 발견한 이들의 이야기를 들어보면 질문에 대한 답은 '그렇다'이다.

특히 여성은 끊임없이 희생하고 베풀 것을 강요받는다. 그런 맥락에서 봉사에만 초점을 맞춰 타인을 위한 목표에만 집중하라는 이야기가 아니라는 점을 밝히고 싶다. 그보다는 연구결과를 보면 인생을 변화시키는 방법을 정하는 과정에서 나 자신을 위한 일과 남을 위한 일을 연결한다면 모두가 행복해지고 모두가 승리할 수 있다는 점을 전달하려는 것이다.

삶을 변화시키려는 이유에 이타적인 마음을 포함시키면 어려움에 부딪혔을 때 강력한 동기로 작용하기도 한다. 두려움 혹은 자기회의가 휘몰아쳐도 꿋꿋하게 목표를 향해 나아가는 힘이 될 수 있다. 단순히 자신만을 위해서 변화의 노력을 기울이는 것이 아니기 때문이다.

의미 있는 삶을 포기하겠다는 결정에는 굉장히 중요한 문제들이 달려 있다. 당신이 줄 수 있는 선물들이 세상의 빛을 보지 못하기 때문이다.

확실한 점은 용기 있는 삶은 곧 즐거운 삶이라는 것이다. 산전수전과 기쁨 그리고 난관을 겪으면서 진정으로 살아 있음을 느끼는 엄청난 모험을 시작하게 될 것이다. 가장 용기 있는 자아로의 변화는 물론 많은 어려움을 가져올 것이다. 하지만 동시에 말로 표현할 수 없는 놀라운 일들 역시 함께 찾아온다는 것이 중요하다. 누구나 이런 이야기를 들은 적이 있을 것이다. '당신이 원하는 모든 것은 두려움 저편에 존재한다.' 앞으로 펼쳐질 장에서 이 말이 진실이라는 것을 직접 경험하게 될 것이다.

2장

습관과 용기

한번은 워크숍 도중에 한 여성이 내면 가장 깊은 곳에 있는 욕망에 대해 이렇게 말했다. “더는 두려워하지 않았으면 좋겠어요.” 그러자 건너편에서 또 다른 여성의 목소리가 들렸다. “나도 마찬가지예요!” 잔뜩 긴장해 있던 첫 번째 여성의 얼굴에 환한 웃음이 번졌고 청중 역시 함께 웃기 시작했다. 정말 말도 안 되는 일이 아닌가? 우리는 모두 두려움 없이 꿈을 좇기를 원한다. 그런데 왜 말처럼 쉽지 않을까?

이것이 간단하지 않은 이유는 하나의 감정을 생략하는 것이 인간의 본성에 어긋나기 때문이다. 수치심에 대해 연구하는 브렌 브라운 박사는 “감정을 원하는 대로 선택해서 끄는 것은 불가능하다”라고 설명한다. 감정은 패키지 상품과 비슷하다. 즉 두려움의 스위치만 내리려다 기쁨을 느끼는 능력까지 모두 잃어버릴 수 있다.

물론 불편한 감정을 없앨 수 있다면 인생이 훨씬 더 수월해질 것이다. 하지만 두려움(또는 자기회의, 스트레스, 망설임 등 두려움에는 여러 이름이 있다)은 위험을 감수하는 과정의 일부이다. 친절하고 호기심이 많으며 감정이 풍부하면서 동시에 두렵고 확신이 서지 않는 무언가가 전혀 없는 사람은 아무도 없다. 두려움이 없다는 것은 미신이다. 두려움을 인정한다고 해서 근본적으로 불안정한 사람이 되는 것은 아니다. 오히려 두려움이나 자기회의를 겪었던 경험을 받아들이는 것은 변화를 추구하고 원하는 목표를 좇는 과정의 중요한 일부이다.

두려움을 없애려고 애쓰는 것은 깊은 욕망을 실현하는 데 아무런 도움이 되지 않는 헛된 노력이다. 모순적이게도 두려움을 완벽하게 이해하고 진정시킴으로써 우리 삶에 미치는 영향을 끊어낼 수 있다. 바로 이 점이 이번 장에서 다룰 내용이다. 습관 형성의 과학적 이론을 통해 두려움과 자기회의가 어떻게 작동하는지 배우게 될 것이다. 또한 두려움이 강렬하게 느껴지는 이유와 자신도 모르게 거의 손도 못 댈 정도로 뒷걸음질하고 싶은 충동이 드는 이유를 살펴본다. 사실 두려움은 손 쓸 수 있는 감정이라는 설명도 나올 것이다. 코칭을 받는 고객과 마찬가지로 당신에게 지원과 안내를 아끼지 않을 것이다. 더불어 혼자만의 싸움이 아니라는 것을 알 수 있도록 앞서 훈련을 거친 사람들의 이야기를 공유할 것이다.

뇌를 비롯해 두려움 또는 용기를 유발하는 신호, 행동, 그리고 보상에 대한 정보를 바탕으로 지금까지 제자리걸음을 했던 이유를 정확하게 파악할 뿐만 아니라 앞으로 인생을 사는 방식과 관련해 즉각적인 결정을 내림으로써 새로운 길을 그릴 수 있을 것이다. 용기 습관의 주기적인 훈련은 두려움이나 자기회의로 빠지는 오래된 습관에서 벗어나 진정한 변화를 목격하는 데 도움이 된다.

습관의 힘

1장에서 우리는 자신이 변하기를 바라는 세 가지를 찾아봄으로써 나의 주안점이 무엇인지를 알아냈다. 아직 의구심이나 망설임을 느끼지 못했다면, 목표를 행동으로 옮기기 시작하면서 이러한 감정들을 경험하게 될 것이다. 우리는 이미 앞으로 두려움을 마주하게 될 것이며 피할 길이 없다는 것도 잘 알고 있다. 그렇다면 이제 다음 질문을 던져야 한다. 두려움에 어떻게 대응할 것인가?

변하고자 하는 욕망과 의지만으로는 부족하다. 뇌가 주관하는 습관 형성 과정들이 두려움의 대처 방식에서 중요한 역할을 한다. 우리가 지금까지는 크게 주목하지 못한 것들이다. 먼저 습관이 어떻게 형성되는지에 대한 현재의 과학적 설명에 대해 잠시 살펴보자.

습관 형성은 주로 세 가지 과정으로 나누어진다(꽤 흥미로운 내용이니 공붓벌레가 될 준비를 하기를 바란다). '신호'는 다음에 벌어진 일들을 유발하는 방아쇠와 비슷한 역할을 한다. '행동'은 신호에 의해 시작되는 여러 행동이나 반응을 가리킨다. 행동 다음으로 '보상'이 이루어지는데, 긴장이 풀어지면서 찾아오는 안도감을 말한다.

우리는 대개 '습관'을 무언가를 '하는' 행위라고 생각한다. 운동이나 치실질을 하거나 출근 직후 이메일을 확인하는 행동 등을 습관이라고 부른다. 우리는 매일 집 또는 직장, 슈퍼마켓, 컴퓨터 앞에 앉아 가족 그리고 친구들과 소통하면서 신호-행동-보상으로 연결되는 고리를 반복한다. 어떤 신호는 상당히 무해하다. 아침에 울리는 알람소리가 이제 일어나라는 신호인 것처럼 말이다. 반면 견디기 힘든 신호들도 있다. 예를 들어, 동료의 비판이나 배우자의 음주문제가 두려움 또는 자기회의를 유발하기도 한다. 신호-행동-보상의 고리에서 중요한 질문은 다음과 같다. 인생에 도움 되지 않는 고리를 어떻게 끊을 수 있을까?

『습관의 힘』이라는 책에서 찰스 두히그는 우리가 하고자 하는 일들만 신호-행동-보상 과정의 영향을 받는 것을 아니라고 설명한다. 살면서 겪는 수많은 감정적 경험 역시 똑같은 신호-행동-보상의 순서를 따르는데, 여기에는 두려움을 경험하고 이에 반응하는 것 역시 포함된다.

야스민은 행동을 시작하는 과정에서 바로 이 점을 발견했다. 그녀의 주안점을 함께 찾는 동안 한 가지 야심찬 목표가 특히 눈에 띄었다. '작업실 공간 찾기'였다. 몇 년이나 부엌 한쪽 작은 공간에서 그림을 그려온 그녀는 전문적인 작업실 공간을 빌려 크기가 큰 작품이나 벽화를 만들고자 했다. 처음에는 흥분 외에 다른 감정은 느껴지지 않았지만, 예술가를 위한 작업실이 마련된 커다란 창고를 살펴보기 위해 책임자와 함께 문에 들어서는 순간 공포가 그녀를 사로잡았다.

예술가 개개인의 작업공간을 나누는 칸막이 앞에 선 그녀는 갑자기 바보가 된 듯한 기분이 들었다. "계속 같은 생각만 들었어요. 너는 진짜 예술가가 아니야. 작업실을 빌리려고 돈을 낭비하는 건 멍청한 짓이야." 그녀가 내게 말했다. "최대한 빨리 그곳을 빠져나왔어요. 책임자는 아마 내가 미친 사람이라고 생각했을 거예요. 지금 말하다 보니 그때 그냥 도전할 걸 그랬어요. 그런데 당시에는 너무 과하게 느껴지더라고요."

두려움과 불쾌함이 야스민의 몸 안에서 신호로 작용했다. 오랫동안 그녀는 이러한 신호에 같은 행동으로 대응해왔다. 바로 긴장을 해소하는 보상을 가장 빨리 얻기 위해 불편한 일을 아예 피해버렸던 것이다. 이는 신호-행동-보상의 고리를 이해하는 데 매우 중요하다! 어떠한 상황이든 강렬한 자기회의가 시끄럽게 굴 때면 우리는 긴장을 가장 빨리 해결할 수 있는 방법을 찾도록 설계되어 있다. 더 나은 삶의 목표에 반한다고 해도 말이다.

'설계되어 있다'라고 말하는 이유는 신호-행동-보상의 과정이 기저핵이라고 부르는 뇌 부분에서 시작되기 때문이다. 기저핵을 행동을 제어하는 '중앙사령부'라고 생각하면 이해하기 쉽다. 기저핵은 몸과 주변환경에서 일어나는 일들을 감지해 어떻게 대응해야 하는지를 결정한다. 두려움 또는 자기회의감이 들 때 이로 인한 긴장을 해소하는 것이 기저핵의 임무다. 예전에 효과적이었던 방법을 바탕으로 기저핵은 가장 빠르게 긴장을 해소하는 행동을 제안한다. 이러한 행동에는 여러 가지가 존재하지만, 기저핵은 항상 같은 선택을 한다. 바로 두려움이나 자기회의를 일으키는 눈앞의 무언가를 피하는 것이다.

예컨대 신호-행동-보상은 다음과 같이 일어난다.

신호: 두려움을 느낀다.

행동: 하고 있던 행위를 멈춘다(작업실 공간에서 야스민이 보인 반응처럼).

보상: 압박감이 사라지면서 일시적으로 스트레스가 낮아진다.

기저핵의 충동이 시키는 대로 같은 행동을 할 때마다 이와 같은 순환이 더욱 강화된다. 뇌는 회피(또는 두려움으로 유발된 다른 습관적 행동)가 긴장을 해소하는 데 효과적이라고 학습한다. 기저핵 역시 이를 기억해두었다가 다음번에도 같은 충동을 자극한다.

그렇다면 우리는 신호-행동-보상의 고리에서 벗어날 수 없는 것일까? 다행스럽게도 그렇지 않다! 궁극적으로 신호-행동-보상을 통한 기적핵의 행동 자동화는 긍정적인 효과를 가져온다. 일상적인 작고 사소한 결정을 내릴 때마다 어렵게 생각하지 않아도 되므로 뇌의

에너지를 아낄 수 있다. 우리는 인생을 바꿀 대담한 행동을 취해야 하므로 이러한 고리가 어떻게 작용하는지를 이해하고 두려움에서 비롯된 행동이 아닌 용기 있는 행동을 강화하는 데 활용해야 한다.

습관 형성에 관한 연구결과를 살펴본 두히그는 이러한 순환을 바꾸고자 하는 사람들에게 굉장히 중요한 점을 밝혀냈다. 신호-행동-보상의 영향을 받고 있는 감정적 삶에서 무언가를 바꾸고 싶다면, 행동을 바꾸는 것이 가장 효과적이라는 것이다. 사실 생각해보면 맞는 말이다. '신호'로 작용하는 스트레스 상황을 피하기 위해 삶의 모든 부분을 통제하는 것은 불가능하다. 고지서를 내야 하고 비판적인 사람을 만나기도 하며 구조적인 억압(성별, 인종, 사회 계층 또는 성적 취향 때문에 박탈당하는 기회)을 피할 수 없다(문제가 존재하지 않다거나 두려움을 무시하라는 자기계발 프로그램이 효과가 없는 이유이며 이런 방식으로는 언제나 두려움을 외면하기 위해 애써야 한다). 또한 두려움이나 스트레스에서 벗어나는 '보상'을 마다하려면 인간의 본성을 거슬러야 한다. 따라서 적절한 보상 없이는 행동을 절대 바꿀 수 없다. 따라서 변화를 위한 가장 효과적인 방법은 신호에 어떻게 행동하는가를 다른 시각으로 살펴보는 것이다.

이제 본격적으로 살펴볼 차례다. 신호-행동-보상의 고리를 좀 더 자세히 들여다볼 텐데, 먼저 나머지 단계를 유발하는 신호(몸에서 느껴지는 두려움)부터 시작해보자.

두려움은 어떻게 나타나는가?

첫 만남에서 엘리아나는 바로 본론으로 들어갔다. "저는 시간 관리와 책임감을 도와줄 코칭을 원해요." 그녀가 씩씩하게 말했다. 전화로 대화하고 있었기에 그녀의 생김새를 전혀 알 수 없었지만, 엘리아나의 목소리를 듣고는 딱 떨어지는 고급 정장을 입은 여성의 모습이 그려졌다. TV 드라마 《스캔들》에 나온 올리비아 포프처럼 말이다.

엘리아나는 경영대학원 졸업을 앞두고 있으며 컨설팅 회사에서 정직원으로 일하고 있다고 스스로를 소개했다. 또한 일 때문에 한 달에 일주일은 출장을 가야 한다고 덧붙였다. 그녀에게 코칭을 받기로 한 자세한 이유를 물었다. 그녀는 이렇게 대답했다. "시간 관리 강의도 듣고 파일을 알파벳순이나 색깔별로 정리도 해봤어요. 휴대폰에 수백 개의 알림을 설정하기도 했는데, 잘 안 되네요. 기본적으로 하루 종일 알림이 울리니까, 해야 할 일들을 제때 못하고 조금씩 밀리기 시작하면 아예 휴대폰을 보지 않아요. 두려움이 문제는 아닌 것 같아요. 시간 관리가 문제죠. 도와줄 수 있나요?"

"어쩌면요." 나는 말을 이었다. "두려움 문제와 시간 관리 문제에 공통점이 있을 수도 있다는 가능성을 열어두기만 한다면요."

엘리아나가 웃으며 말했다. "그래요, 물론이에요. 문제가 해결되기만 한다면 뭐든 상관없어요. 정신 분석만 아니면 돼요."

"저와는 그런 걱정 안 하셔도 될 텐데요." 나는 미소 지으며 말했다. "프로이트에는 영 관심이 없어서요."

우리는 엘리아나의 시간 관리에 어떤 문제점이 있는지 함께 살펴보기 시작했다. 몇 주가 지나면서 엘리아나는 좀 더 편하게 자신의 이야기를 하기 시작했다. 정리정돈에 대해 이야기를 나누다가 그녀의 내면을 조금 더 깊이 들여다볼 기회가 있었다. 그녀는 모두가 감탄할 만한 외향적인 성과가 많은 사람이었다. 그러나 동료로부터 '팀워크가 좋은 직원'이라는 인정을 받기 위해 언제나 너무 많은 일을 하는 것이 문제였다. 이로 인한 압박이 심해지면 그녀는 애써 감추기 위해 부단히 노력했다. 또 남들에게 들킬 만한 실수를 하지 않았는지 항상 업무를 확인하고 재확인하느라 부담감이 오히려 가중되었다.

그녀에게 사람들 앞에서 실수하는 것이 왜 문제가 되냐고 묻자 그녀는 당연하다는 듯이 대답했다. "프로답지 못하잖아요. 또 사람들이 제가 모든 일을 감당하지 못한다고 생각할 테니까요." 모든 일을 감당할 수 있는 사람은 물론 없다. 그런데 그렇게 하려고 애쓴다면? 엘리아나처럼 심한 부담감을 느끼게 된다. 우리 둘 다 이러한 사실을 알고 있다는 생각이 들었지만, 그녀에게 할 수 있는 선보다 더 많은 일을 떠안는 것을 '그냥 그만두라'고 말하는 것만큼 해결책이 간단하지 않으리라는 확신이 들었다. 나는 좀 더 근본적인 면을 끄집어내야겠다고 생각했다.

"만약 직장동료가 당신이 모든 일을 할 수 없다는 사실을 알게 된다면 어떻게 될까요?" 그녀에게 질문했다. 수화기 너머로 오랜 침묵이 이어졌다.

"부끄럽겠죠." 마침내 그녀가 입을 열었다.

"물론 현실적인 결과도 따르겠죠. 좋은 프로젝트나 승진 기회를 놓칠지도 몰라요. 나는 또 팀에서 여성이니까, 아니 유일한 여성이에요. 남자 동료들은 하나로 뭉치는 편이고요. 그렇기 때문에 그런 실수를 하고 또 나를 지지하는 사람이 없다는 생각이 들면 부끄러울 것 같네요."

겉으로 보기에는 '시간 관리상의 문제'인 그녀의 난관과 두려움 사이에 존재하는 연결고리를 알리는 첫 번째 힌트였다. 엘리아나의 두려움에는 정당한 이유가 있었다. 그녀는 대기업에서 여성이 당하는 대우를 직접 목격했다. 너무 오랫동안 감당할 수 있는 수준보다 더 많은 업무를 떠안았고 이로 인한 스트레스와 부담감을 감춰왔다. 남성 동료에게 '감정적인 여자들 중 한 명'이라는 인식을 심어주기 싫었기 때문이었다.

"그렇다면, 약간의 두려움이 존재하는 곳을 찾았다고 말해도 좋을까요?" 내가 물었다.

"그래요, 알았어요. 당신이 이겼어요." 그녀가 대답했다. 그녀의 목소리가 조금이나마 가벼워진 것 같았다. 살짝 안도감마저 느껴졌다. "그러니까, 어쩌면 두려움이 조금 있을 수도 있겠네요!"

엘리아나를 좀 더 알아가는 과정 동안 그녀가 업무를 처리하는 순서에 대해 이야기를 나눌 때마다 나는 계속해서 흥미로운 사실을 발견했다. 무언가를 놓칠 수도 있다는 두려움에 엘리아나는 종종 과정에 추가 단계를 집어넣었다. 예를 들어, 경영대학원 수업 과제를 제출하기 전에 그녀는 이미 설치된 컴퓨터 운영체제와 워드프로세싱 소프트웨어를 업데이트하기로 마음먹었다. 그런 다음 백업용으로 사용하던 외장 하드드라이브의 용량이 거의 꽉 찼다는 점을 발견하고 과제를 시작하기 전에 애플 스토어에 가서 백업용 하드드라이브를 새로 사 와야겠다고 생각했다. 그렇게 토요일 오후를 보내고 나자 점심도 못 먹었는데 이미 저녁시간이었다. 저녁을 먹고 난 후에는 너무 지쳐 과제에 집중할 수 없었다.

엘리아나의 일과를 속속들이 파악한 후 나는 이렇게 말했다.

"당신이 생각한 것과는 다른 방식으로 두려움이 나타나고 있는 건 아닐까 하는 생각이 드네요. 두려움을 잘 못 느낀다고 말했잖아요. 두려움이…… 너무 강력한 감각이라고 여기기 때문에 두렵다는 생각이 들면 아무것도 하고 싶지 않다고 말이에요. 그렇지만 당신의 경우에는 두려움이 이미 겪어본 위급상황으로 나타나는 것 아닐까요? 몸에서 위급함이 느껴지면 진로에서 벗어나는 행동을 한다는 생각이 들거든요. 이 위급함은 매우 강력한 감정이에요. 불안을 불러오는 감각이죠. 이런 감정에는 과제를 마무리하는 대신 컴퓨터 소프트웨어 업데이트와 같은 사소한 업무로 대응하기 쉽죠. 당신은 무언가를 이루고 목적지에 다다르겠다는 의지를 갖고 있어요. 더 큰 우선순위가 사라지더라도 말이에요."

자세한 설명을 들은 엘리아나는 이것이 그녀가 마주한 현실이라는 점을 인정했다. 엘리아나가 업무를 할 때마다 찾아온 위급함이라는 감정은 어김없이 불안을 불러일으켰고 자신의 능력을 증명해야 한다는 충동으로 이어졌다. 처음에는 위급함에 매번 대처하는 것이 옳다고 생각했다. 문제가 사라지도록 그저 감당하고 견뎌야 한다고 말이다. 그녀는 위급함을 '두려움'이라고 간주하지 않았다. 두려움이란 무서운 영화에서 엘리베이터가 떨어지는 장면을 볼 때 느껴지는 감각이라고 생각했기 때문이었다. 또는 행동에 익숙한 그녀로 하여금 아예 행동하지 못하도록 하는 무언가가 두려움이라고 생각했다. 이 위급함이 곧 그녀의 두려움이었고 이러한 감정이 그녀로 하여금 도움 되는 일을 하도록 유도하는지를 묻지 않은 채 대응하고 있었다. 그 결과 사소한 업무에만 매진하는 토끼굴에 빠지고 말았고 업무에 대한 성취감이나 만족감을 느끼지 못했다.

엘리아나는 자신이 목표를 향해 전진하는 진취적인 성격이었기에 두려움이 아니라 시간 관리의 문제라고 생각했다. 그녀의 삶을 방해하는 문제들의 근본적인 원인이 위급함(두려움)이라는 것을 깨달은 그녀는 놀라움을 숨기지 못했다. 변화를 위해 엘리아나는 먼저 위급함이라는 감정을 들여다봐야 했다. 그 후 몇 달간 나는 그녀가 두려움의 여러 모습을 알아보는 방법을 배우도록 도왔다. 오랫동안 그녀의 발목을 붙잡아온 순환 고리를 끊기 위해 단계별 훈련을 진행했다.

당신은 엘리아나와는 전혀 다른 방식으로 두려움을 경험했을 수도 있다. 하지만 그녀의 경우처럼 흔히 '두려움'이라고 생각되지 않는 방식으로 당신의 삶에 찾아올지도 모른다. 예를 들어보자. 한 번이라도 만성 건망증 때문에 고생해본 적이 있는가? 이는 우리가 두려움을 경험하는 흔한 방식 중 하나이다. 대개 '잘 까먹는다'라며 대수롭지 않게 생각하지만 말이다.

이해가 안 될 정도로 짜증이 났던 경험은 어떨까? 잘해야 한다는 심한 압박에 시달리는 경우 무언가를 해야 한다는 충동과 위급함 대신 타인을 향한 분노의 형태로 두려움이 표출되기도 한다. 스트레스의 원인으로 다른 사람을 탓하는 것이다(우리 대부분 자신의 두려움과 스트레스를 풀기 위해 직원들에게 화풀이하는 직장상사를 경험해본 적이 있다).

고객들 중에는 갑작스럽게 피로를 느끼거나 두통과 같은 건강이상 증세가 나타나는 등 두려움이 신체적으로 표출되는 이들도 있다. 그런가 하면 마치 자동 조종 상태로 삶을 사는 것처럼 온 감각이 마비되는 기분이 들기도 하고 임상 우울증은 아니지만 확실히 정상상태는 아닌 얼얼한 느낌이 드는 경우도 있다. 두려움이 어떤 식으로 표출되든, 변하지 않는 점은 진정으로 원하는 삶을 살기 위해 노력하거나 꿈을 이루기 위해 필요한 단계를 거치는 데 두려움이 방해가 된다는 것이다.

한번 생각해보자. 두려움을 느낄 때 당신은 어떤 일들을 경험하는가? 필요하다면 '두려움'을 다른 단어로 대체해도 좋다. '위급함', '자기회의', 또는 '쓸데없는 걱정' 등 당신이 느끼는 감정을 더 정확하게 표현하는 단어를 찾아보자. 두려움을 느끼는 그 순간 어떤 감정이 드는지를 잘 묘사하는 것이 중요하다. 아예 상황을 피하는 편인가? 아니면 반대로 오히려 예민해지고 스스로를 더 밀어붙이는 편인가? 머리가 빠르게 돌아가는 편인가, 아니면 생각을 말로 표현하는 것이 어렵게 느껴지는 편인가?

당신이 어떻게 두려움을 경험하는지 정확하게 파악하기 위해 마지막으로 두려움이 느껴졌던 상황에 대해 떠올려보자. 누군가에게 솔직한 감정을 털어놓는 중이었을 수도 있고 아이디어를 제안하거나 부탁하는 상황이었을 수도 있다. 아니면 직장상사 또는 가족으로부터 지적받는 도중 두려움을 느꼈을 수도 있다. 스스로 곤란한 상황을 자처했거나 누군가 당신에게 화를 내고 있을 때, 어떤 신체적 반응이 일어났는가? 직접 느꼈던 공포감을 기억나는 대로 종이에 적어보자. 어떤 기분이 들었는가? 몸의 어느 부분에서 증상이 나타나는가? 두려움을 인지하고 나면 어떤 일이 벌어지는가?

엘리아나처럼 두려움을 경험하는 자신만의 방식을 파악하면 두려움이 시작되는 순간을 놓치지 않고 파악할 수 있다. 당신은 어떻게 두려움을 느끼는가? 어떤 충동이 반복적으로 나타나는가? 이러한 두려움 신호를 아는 것이 행동을 바꾸고 나아가 신호-행동-보상 고리를 움직이는 비결이다. 이렇듯 신호 역할을 하는 두려움은 또한 무서워하는 대상에 대한 힌트를 제공한다. 좀 더 자세히 알아보자.

구체적인 두려움을 파악하라

이제 두려움이 어떠한 신체적 증상으로 이어지는지 관찰하고 파악했으니, 한 발 더 자세히 들어가볼 차례다. 현재 겪고 있는 구체적인 두려움, 의구심, 걱정은 무엇인가? 어떻게 대처해야 할지 모르거나 실패할 수 있는 상황에 놓이기도 하고 마음이 약해지고 인간관계에 금이 가는 경우도 있다. 또는 거절당하는 상처를 입기도 한다. 아니면 더 큰 꿈을 쟁취하려면 지금 손에 쥔 것을 포기하고 희생을 치러야 한다는 불안감이 당신을 괴롭힐 수도 있다.

다음은 구체적인 두려움을 파악하는 데 도움이 되는 질문들이다. 누구나 두려움을 느낀다는 사실을 잊지 말자. 가장 먼저 아무것도 두렵지 않다는 생각이 든다면, 두려움을 회피하려는 무의식 때문에 이러한 충동을 느끼는 것인지 살펴봐야 한다. 두려움의 존재를 부인하거나 느끼기를 거부함으로써 두려움이라는 감정을 약화하려는 것일지도 모른다. 기억할지 모르겠지만, 나 역시 오랫동안 이러한 방식으로 두려움에 대처했었고 내 삶과 행복에 고스란히 영향을 미쳤다. 자신이 목적을 향해 나아가는 데 아무런 문제가 없는 과잉성취자라고 생각하는 사람 역시 다음 질문을 보다 깊이 고민해볼 필요가 있다. 그동안 눈부신 성과를 이뤘다고 해도 두려움 또는 자기회의가 불쑥 고개를 들 때가 있기 마련이다.

답변을 종이에 적어도 좋고 연습 과정을 다른 방식으로 기록해도 좋다. 또는 친구와 함께 질문에 대해 이야기하면서 당신의 삶과 행동에 대한 친구의 의견을 묻는 것도 좋은 방법이다.

1. 아직 이루어지지 않은 오랜 꿈이나 인생의 변화는 무엇인가? 원하는 것을 최대한 자세히 적어보자. '세계일주' 또는 '가족과 건전한 경계 정하기'라고만 적지 말고 세계일주라는 꿈을 왜 꾸는지 관련한 모든 내용을 빠짐없이 적는 것이 중요하다. 아니면 가족과 건전한 경계를 정한 후에 당신이 할 수 있는 모든 일을 적어보자.

2. 앞서 적은 꿈이나 인생의 변화를 아직 이루지 못한 이유를 스스로에게 어떻게 설명하는가? 돈이나 시간이 부족하다는 것 외에 어떤 이유가 있는가? 이유들을 빠짐없이 적어보자.

3. 어떤 상황에서 남과 자신을 비교하게 되는가? 정확하게 어떤 점을 비교하는가? (예를 들자면 '직장에서 주로 일어나는 일인데, 함께 일하는 여직원이 나보다 더 창의적이고 훌륭한 아이디어를 가진 것 같다' 또는 '근처에 사는 이웃은 아이가 세 명인데도 아이가 하나인 나보다 엄마로서의 역할을 훨씬 더 훌륭하게 해낸다' 등).

4. 두려움이 당신을 방해하는 모든 상황을 생각해보자. 시작도 하기 전

에 두려움은 어떻게 당신 앞을 가로막는가? 또는 애써 시작했는데 두려움이 몰려와 당신을 집어삼킨 적이 있는가?

5. 다음 문장을 다섯 가지 버전으로 완성해보자. '내가 스스로 부족하다고 느낄 때는…….'

질문에 모두 답한 뒤에 적은 내용을 살펴보고 계속 언급되는 말이나 생각 또는 자주 등장하는 상황 등 반복되는 부분이 있는지 확인해보자. 예를 들어, '항상 지금은 좋은 타이밍이 아니라고 생각한다'처럼 계속해서 언급되는 문구나 생각이 있는가? 늘 자신에게 반복적으로 말하는 것이 있다면? 또 '지레 겁먹거나 스스로 부족하다고 느낄 때면 이걸 해서 뭐하나라는 생각을 한다'라는 답변도 들 수 있다. 혹은 지속적으로 반복되는 특정 상황이 있는가? '무언가를 시작했다가 중간에 그만둔 이유는 늘 돈이 부족하다고 생각해서 열정을 좇는 것을 포기하고 돈을 벌기로 결심했기 때문이다'라는 답변처럼 말이다.

이렇게 두려움을 파악한 다음 따로 적어두자. 앞으로 각 장에 나올 연습 내용을 이 두려움들에 적용하게 될 것이다. 이 책을 덮을 때쯤에는 두려움의 무게가 훨씬 가벼워진다.

이 과정에서는 무엇보다 자신에게 관대해지는 것이 중요하다. 두려움의 실체를 자세히 들여다보는 일은 힘들고 어렵다. 두려움을 없애는 것은 불가능한 일이므로 훈련의 목표가 아니다. 두려움 안으로 들어가서 찬찬히 살펴봐야 한다. 용기를 습관으로 바꾸는 일은 스위치를 켜는 것처럼 간단하지 않다. 모든 변화가 그렇다. 자신을 보듬고 훈련 과정에 관대해져야 원하는 목표에 도달할 수 있다.

두려울 때 당신은 어떻게 행동하는가?

많은 사람들이 두려움의 경험을 나와 공유해주었는데, 거의 모두가 자신의 경험이 남들과는 달라서 손 쓸 방법이 없는 것이 아닐까 하는 걱정을 하고 있었다. 그러나 나는 두려움이 주로 네 가지 행동을 유발한다는 점을 발견했다. 이를 가리켜 나는 완벽주의자, 파괴자, 순교자, 비관론자라고 부른다. 각 유형에 따라 우리의 생각과 말, 그리고 행동을 자세히 살펴보자.

누구나 각 유형의 모습을 조금씩은 가지고 있는데, 주로 한 가지 유형이 뚜렷하게 나타난다. 즉, 네 가지 중 한 가지 모습을 가장 흔히 보게 된다. 각 유형의 설명을 읽으면서 자신이 어떤 유형에 가장 가까운지 생각해보자. 두려움을 느낄 때 어떤 행동을 가장 많이 하는지를 파악하면 이러한 행동을 보다 잘 그리고 정확하게 이해하는데 도움이 된다. 뿐만 아니라 두려움으로 인한 행동이 습관으로 자리 잡지 않도록 주의하게 된다.

완벽주의자 유형: 더 잘하고 싶다는 마음의 지배를 받는다. 늘 결과

에 만족하지 못하기 때문에 주변에 있는 모든 것을 지적하고 짜증을 낸다. 완벽하지 않으면 자연스럽게 대처하지 못하는 편이다. 완벽주의자 유형의 사람들은 인생의 여러 부분에서 지나치게 열심히 하고 있는 자신의 모습을 발견한다. 또한 부족한 것을 감추기 위해 아무 문제가 없는 척 연기한다. 완벽주의자는 타인에게 좋게 보이거나 외부의 인정을 받기 위해 필요 이상으로 일한다. 또는 다른 사람이 자신의 기준에 맞게끔 일처리를 하지 못할 것으로 생각하며 스스로 비현실적으로 높은 기준을 세우기도 한다.

완벽주의자의 내면에는 자신 또는 타인이 어떤 일을 더 잘했어야 했다고 말하는 '비평가'가 자리 잡고 있다. 그래서 스스로에게 이런 말을 하기도 한다.

"그 실수를 왜 발견하지 못했을까? 너무 뻔한 실수였는데."

"제대로 하지도 못하는 사람들에게 일을 시키는 게 무슨 의미지?"

통제할 수 없는 일이 벌어지면 완벽주의자는 다른 사람을 비난하며 외부로 잘못을 돌리거나 스스로 자책하며 내면에 책임을 떠넘긴다. 반복적으로 지나치게 많은 일을 떠맡은 후에 심한 압박과 피로감에 시달리거나 바쁜 상태가 곧 '정점'이고 또 해야 할 일들을 하나씩 처리하면 '기분이 좋다'라고 여긴다. 그러나 정점을 찍은 다음에는 언젠가는 내려와야 하는 법이다. 이럴 때 완벽주의자는 피로를 느끼고 산더미처럼 쌓인 일들을 원망하거나 즐거움은 늘 가장 마지막에 찾아온다고 생각한다. 이러한 행동 패턴에 갇힌 사람들은 겉으로는 아무런 문제가 없으며 훌륭한 인생을 살고 있는 것처럼 보인다. 하지만 속으로는 자주 피곤하고 화가 나며 자신이 누구인지 또 무엇을 원하는지 모른다고 생각한다.

완벽주의자는 또한 사소한 일을 트집 잡거나 작은 문제에 비정상적인 화를 내기도 한다. 필요 이상으로 일하고 통제하려는 성향이 강하며 타인과 자신을 판단한다. 자신이 남들보다 낫다는 생각과 차분히 비교해보니 자신이 부족하다는 생각 사이에서 방황한다. 스스로 이렇게 말하면서 남들을 평가한다. "아니, 도대체 왜 제대로 못하는 거지?" 때로는 경쟁과 질투에 빠져 다른 사람의 성과를 헐뜯는 '여왕벌' 신드롬과 비슷한 행동을 보이기도 한다. 타인의 인정은 완벽주의자 행동을 부채질한다. 그래서 동료나 다른 사람으로부터 칭찬이라는 보상을 받으면 이러한 행동 고리에서 벗어나 누릴 수 있는 장점을 잘 보지 못한다. 완벽주의자는 더 나은 삶을 위한 높은 이상과 따라잡기 힘들 정도로 지나치게 높은 이상을 구분하는 데 애를 먹는다.

파괴자 유형: 전형적인 특징은 꾸준히 진전하지 못한다는 것이다. 두 발짝 앞으로 나아갔다가 한 발짝 뒷걸음질 치기 때문이다. 파괴자 유형에 발이 묶인 사람들은 이 일에서 저 일로 끊임없이 움직이며 좀처럼 하나에 집중하지 못한다. 어떤 일에 곧바로 흥미를 느끼지만 얼마 가지 않아 관심을 끌었던 일이 자신을 옭아매는 듯한 기

분이 들며 결국 의무처럼 느껴진다. 다른 사람으로부터 충분히 노력하지 않는다는 이야기를 자주 듣는다. 파괴자는 또한 집, 직장, 그리고 인간관계를 자주 바꾼다. 이러한 행동을 가리켜 '샤이니 오브젝트 신드롬', 즉 늘 더 인기 있고 좋아 보이는 것을 좇는다고 말하기도 한다. 파괴자는 책임을 다하거나 시작한 일을 마무리 짓는 것을 힘들어한다. 또한 무언가를 끈질기게 끌고 가는 힘과 추진력이 부족하다. 너무 번거롭거나 창의적인 즉흥성이 깨진다는 이유로 프로젝트의 기본 요소를 쌓기 전에 무턱대고 뛰어든다. 그리고 관심이 사라지면 바로 노력을 멈춘다. 아무것도 하지 않아도 되도록 자신을 난처하게 만드는 혼란을 초래하기도 한다.

파괴자 유형에 빠진 사람들은 약속했던 일을 어떻게 피하거나 벗어날 수 있을지를 고민한다. 대개 처음에는 자극을 받거나 흥미를 느꼈지만 관심을 잃어버린 일들이다. 파괴자는 스스로 이렇게 말한다. "그래, 적어도 조금은 끝냈으니까 이제 좀 쉬어도 될 거야." 하지만 이 쉬는 시간 동안 파괴자 유형은 이미 달성한 성과를 뒤집거나 망가뜨리는 행동을 한다. 돈을 모았기 때문에 써도 된다고 생각하고 운동을 했으므로 몸에 안 좋은 음식을 폭식해도 괜찮다고 여긴다. 또 일에 탄력을 받기 시작하면 금세 손을 놓기 일쑤다. 누군가 자신에게 책임을 부여하려고 하면 짜증을 낸다. 꿈을 이루기 위해 옳은 방향으로 꾸준한 노력을 기울이지 않는 이유로 이런 핑계를 댄다. "(나에게 책임감을 가지라는) 그 사람은 너무 빳빳해. 여유를 가져야 한다고! 가만히 놔두면 내가 알아서 할 텐데!" 무언가를 해야 한다는 약속이 자신을 구속한다고 생각하며 "내 방식대로 살 거야!" 또는 "좀 쉬면서 나를 돌봐야 해"라며 제대로 노력을 기울이지 않는 자신의 모습을 합리화한다.

이외에도 파괴자는 적은 노력으로 큰 대가를 바라고 불편한 일은 최대한 미루며 약속한 대로 행동할 것을 기대하는 사람들에게 화를 낸다. 또는 성공을 위해 장기적으로 시간과 공을 들이는 것이 불가능하다. 이러한 행동을 멈추려고 노력하는 대부분의 파괴자 유형은 자신의 본능을 신뢰하는 데 어려움을 겪는다. 또는 도움 되지 않는 일을 그만두는 것과 전형적인 파괴자 행동으로 인해 포기하는 것을 잘 구분하지 못한다.

순교자 유형: 고집스럽게 자기를 희생하고 남의 기분을 맞추는 사람들이 바로 순교자 유형에 속하는 이들이다. 남을 위한 봉사에 지나치게 열정을 쏟느라 자신의 꿈과 욕구는 돌보지 않는다. 그러면서 스스로 부여한 타인에 대한 책임감이 원하는 것을 이룰 수 없는 이유라고 생각한다. 순교자 유형은 충분히 스스로를 돌볼 수 있는 성인 자녀나 친구를 돕기 위해 돈이나 다른 것을 기꺼이 내어주기도 하며 스스로의 행동을 책임져야 할 사람들에게도 손을 내민다. 예를 들어, 신용카드로 쇼핑을 하느라 월세를 내지 못하는 다 큰 딸에게 나서서 지낼 곳을 제공하는 부모가 바로 순교자 유형이다. 순교

자는 자신의 행동을 합리화하기 위해 이렇게 말한다. "어쩔 수 없잖아? 내가 나서야지. 나처럼 아이들을 사랑하고 잘 돌보고 또 든든하게 뒷받침할 사람이 또 어딨겠어." 모두를 돌봐야 한다고 생각하기 때문에 타인에 대한 의무감이 산처럼 쌓이면서 자신의 욕구를 실현한 시간이 부족하다.

순교자 유형을 자처하는 사람들은 대개 자신의 선한 행동과 이타심을 남들이 알아주기를 내심 바란다. 희생을 인정받거나 남들에게 확인받고 싶어 한다. 그릇된 선택으로 인해 곤경에 빠진 타인을 보호하는 것이 자신의 역할이라고 생각한다. 다른 사람이 필요로 하는 것에 더 많은 관심을 쏟아 부으면서 순교자는 스스로 이렇게 생각한다. "때마침 도움이 필요한 사람이 나타나서 나를 위한 시간을 낼 수가 없었어." "내가 나서지 않았다면 그들은 고생했을 거야." 만약 순교자가 끼어들지 않았다면 누군가는 자신의 잘못된 행동을 책임졌을 것이다. 그런가 하면 타인이 자신에게 화내는 것을 감당할 수 없기 때문에 보호자 역할을 자처하는 것이라고 생각하기도 한다.

또 다른 순교자 유형의 행동으로는 거절하고 싶을 때도 승낙하는 것과 다른 사람의 기분을 맞추는 것 등이 있다. 타인의 생각을 지나치게 걱정하는 행동 또한 포함된다. 순교자는 다른 사람이 자신의 행동을 알아주지 않거나 인정하지 않으면 화를 내기도 한다(주로 낮은 수준의 분노이다). 상대방이 자신의 노력을 당연하게 받아들인다고 생각하기 때문이다. 아들이 매주 받는 레슨을 얼마든지 조정하거나 취소할 수 있는데도 시간대가 겹친다는 이유로 정작 자신에게 필요한 건강검진을 받지 않는 어머니처럼 스스로를 과도하게 희생하는 경향이 있다. 또는 다른 사람들에게 결정권을 양보하고는 이렇게 말한다. "뭐, 사람들이 전부 내 생각과는 다른 것을 원했으니까. 계획을 수정하기 어렵기도 했고." 이러한 행동 패턴을 벗어나려고 하다 보면 타인에게 베푸는 친절함과 자신을 갉아먹는 자기희생의 차이점을 잘 구분하지 못한다.

비관론자 유형: 순교자는 스스로 부여한 타인에 대한 책임감 때문에 정작 자신이 원하는 것을 이룰 수 없다고 생각한다. 반면 비관론자 유형은 근본적으로 자신은 일이 잘 안 풀리는 사람이기 때문에 마음먹은 대로 되지 않으리라 믿는다. 그리고 이를 이유로 행동을 실천하지 않거나 책임을 다하지 않는다.

비관론자는 새로운 기회를 고려하면서 이런 말을 자주 한다. "좋은 생각이기는 한데, 절대 일어나지 않을 거야." 비관론자 유형에 사로잡힌 사람에게 어떤 변화를 추구하고 싶은지 물어보면 아마도 빈정거리는 대답이 돌아올 것이다. "글쎄요, 일하지 않고 하루 종일 수영장에서 빈둥거리면 좋겠네요. 물론 그전에 내가 복권에 당첨되어야 하겠죠." 아니면 질문 자체를 거부할 수도 있다. "내가 원하는 것을 말해봤자 무슨 소용이죠? 어차피 시간도 없는데요."

비관론자 유형에 빠진 사람들은 무언가를 바꾸는 것 자체가 불가능하며 애초에 변화를 위한 기회가 존재하지 않는다고 주장한다. 다른 의견을 말하거나 문제 해결을 위한 방법을 제시하는 사람들에게 짜증을 내기도 한다. 비관론자는 충분히 역량이 있는데도 스스로 할 수 없다고 말한다. 꿈이란 헛된 것이라고 생각하는 것이다. 우울증까지는 아니지만, 꿈이 언젠가는 현실이 될 것이라는 생각에 그저 어깨를 으쓱하는 반응만 보일 뿐이다("그래요, 물론 좋겠죠. 근데 생활비는 누가 벌죠?"). 남에게 사과하거나 자신이 틀렸다고 인정하지 않는 것도 비관론자 유형의 행동이다. 오히려 남들이 자신에게 잘못한 것들을 생각하느라 바쁘다.

비관론자 유형에 빠진 사람들은 의심 가득한 눈으로 세상을 바라본다. 또 불공평한 대우를 받거나 힘이 있는 사람에게 속을까 봐 전전긍긍한다. 예를 들어, 장모님이 가족에게 사기를 치려고 한다고 생각하거나 전기회사에서 과도한 요금을 매겨 고객을 속인다고 의심한다. 또는 학교 선생님이 자신의 아이를 일부러 골탕 먹인다고 생각한다. 분명 우리 사회에는 차별적인 요소가 존재한다. 그러나 비관론자 유형의 사람들은 사회적 불평등이나 근본적인 변화 등 대의를 위해 목소리를 높이려는 것이 아니다. 삶이 유독 자신에게만 고통스럽다고 생각하며 자신은 아무것도 할 수 없다고 말한다. 상황을 바꿀 수 있는 기회가 주어져도 마찬가지다. 비관론자는 이런 말을 자주 한다.

"정신 똑바로 차리고 나 자신부터 잘 챙겨야 해. 아무도 나를 대신 돌봐주지 않으니까."

"최선을 다하는데도 나만 되는 일이 없어."

"뭐 하러 그래? 아무것도 바뀌지 않을 텐데."

때로는 주변에 있는 사람들에게 비난의 화살이 돌아가기도 한다. "(당신이 해야 하는 일인데도 불구하고) 당신이 하지 않으니까 (결국 하기 싫어도) 내가 할 수밖에 없잖아."

비관론자는 또 문제 해결을 위한 노력 없이 가벼운 분노나 원망을 느끼기도 하고 수동적이지만 공격적인 이메일을 쓰거나 댓글을 달기도 한다. 자신의 실수는 인정하지 않으면서 다른 사람이 잘못한 수많은 일들을 지적할 때도 있으며 개선이 필요한 수많은 일들을 일일이 짚고 넘어가면서 정작 필요한 행동은 취하지 않는다. 예를 들어, 직업이 불만족스러워도 항상 핑계를 대면서 아무것도 하지 않는다. "새로운 일자리를 절대 못 찾을 거야! 돈도 없고, 시간도 없어." 이직 기회가 생겨도 여전히 핑계를 댄다. "글쎄, 지금은 때가 좋지 않아." "글쎄, 출근길이 좀 먼데."

비관론자 유형에서 벗어나기 위해 애쓰는 사람들은 종종 돈이나 시간이 부족한 상황 속에서 가능성과 스스로의 능력을 찾는 데 어려움을 겪는다.

당신은 어떤 유형에 가장 가까운가? 먼저, 가장 자주 하는 행동이 무엇인지 충분한 시간을 갖고 생각해보자. 여러 유형에 조금씩 걸쳐 있어도 괜찮다. 모두가 하나의 유형에 완벽하게 들어맞지는 않는다. 상황에 따라 두려움을 다른 방식으로 경험하기도 한다. 스스로가 '부족하다'는 생각이 들 때는 노력하고 또 인정받으려고 하는 완벽주의자 유형의 행동을 보인다. 그러다가 지치기 시작하면 방향을 반대로 틀고 '진정해. 지금 이 문제를 고민할 필요는 없어'라며 파괴자 유형의 행동을 할 수도 있다. 집에서는 순교자 유형이 되기도 하고 직장에서는 비관론자 유형이 되기도 한다.

앞으로 나아가려면

두려움에 어떤 반응을 보이는지 알고 나면 이제 신나는 일이 펼쳐진다. '신난다'라는 표현을 납득할 수 없을지도 모르지만 인내심을 조금만 발휘해주기를 바란다. 이 시점부터 신나는 과정이 시작되는데, 여정을 떠나기 위해 꼭 필요한 준비를 이미 다 마쳤기 때문이다. 우선 두려움을 느끼면 자동으로 어떤 행동을 보이는지 알고 있기 때문에 더 이상 두려움에 속수무책으로 당하지 않아도 된다. 또한 신호-행동-보상 고리를 기반으로 하는 전반적인 '두려움의 패턴'에서 벗어날 수 있다. 우리 삶에서 신호는 피할 수 없는 요소다. 그렇지만 신호-행동-보상 고리에서 '행동'을 바꿀 수 있고 나아가 고리 전체를 바꿀 수 있다.

가장 용기 있는 자아를 향해 나아가는 인생을 상상해보자. 순교자 또는 완벽주의자처럼 오랫동안 습관처럼 자리 잡은 행동을 파악하고 변화를 추구할 수 있다면? 바로 여기서 더 나은 변화를 위한 엄청난 힘이 시작된다.

이어지는 장에서는 용기 습관 과정의 각 단계를 응용하는 방법과 1장에서 정의한 가장 용기 있는 자아를 실현하는 방법에 대해 배울 것이다. 두려움에 반응하는 당신의 행동이 익숙한 방식대로 작용되지 못하도록 자세히 살펴보고 용기 습관의 각 단계를 적용하게 된다. 변화가 당신을 기다리고 있다! 이제 준비할 차례다. 당신의 삶이 바뀌기 시작할 것이다. 그리고 그 변화는 정말 멋질 것이다!

3장

몸에 집중하기

영화나 TV드라마를 보면 등장인물들이 중대한 결정을 내리는 장면을 볼 수 있다. 사랑하는 사람과 영원히 함께하겠다거나 다시는 결코 부당한 대우를 받지 않으리라 굳게 다짐한다. 그러고 나서 곧장 행동에 옮긴다. 더 잘 '알게' 되었으므로 더 잘 '행동'한다. 그들은 내면의 목소리를 따라가거나 중대한 선언을 한다. 그리고 그동안 방해가 되었던 의심을 훌쩍 뛰어넘어 다음 단계로 향한다.

간단하지 않은가? 그런데 사실은 아니다. 두려움은 비이성적이고, 변화는 과정이다. 오래된 습관은 무의식중에 튀어나온다. 예전보다 '더 잘 알게' 되었더라도 이는 바뀌지 않는다. 예컨대 이 책을 시작하며 나는 직장을 그만두고 싶다는 사실을 어떻게 인지했는지 이야기했다. 불확실한 나날들을 보내면서 나는 동료의 인정과 같은 익숙한 무언가를 갈구했다. 또 기분을 끌어올리기 위해 추가 업무에 자원하기도 했는데, 결과적으로 새로운 길을 찾는 대신 일을 하면서 시간을 보냈다. 예전의 모습을 하루아침에 버리는 것은 불가능하다. 기저핵과 신호-행동-보상의 고리가 자리 잡고 제 역할을 하려면 시간이 필요하다. 우리의 가장 용기 있는 자아가 원하는 삶을 목표로 변화를 추구하고 싶다는 것을 잘 알면서도 온몸에서 느껴지는 두려움이라는 감정이 우리를 마비시키고 효과는 없지만 익숙한 예전의 방식으로 되돌아가도록 만든다.

그렇기 때문에 내가 두려움을 어떻게 경험하는지를 아는 것이 중요하다. 두려움의 존재를 인정하고 몸을 통해 전달되는 느낌에 집중한다면 두려움이 시작되는 순간을 놓치지 않고 포착할 수 있다. 두려움이 유발하는 행동을 바꾸기 위해서는 두려움을 바로 감지하고 감정을 다스리는 요령을 알아야 한다. 때문에 용기 습관 훈련의 첫 번째 단계는 '몸에 집중하기'이다.

앞서 말했듯이 나는 어느 크리스마스 휴일에 처음으로 몸에 집중하는 시도를 했다. 그리고 그동안 느꼈던 가벼운 불쾌감이 놀랍게도 두려움이라는 사실을 깨달았다. 하지만 샌프란시스코 외곽에 자리 잡은 외딴 골짜기 마린 카운티의 그린 걸치 선원Green Gulch Zen Center을 방문하기 전에는 주기적으로 몸에 집중하는 훈련의 힘에 대해 알지 못했다. 당시 나는 현실적인 이유로 그린 걸치 선원을 선택했다. 주말에 머리 식힐 곳을 찾다가 조용한 데다 무선 인터넷도 없어 업무 관련 이메일을 확인하고 싶은 유혹에서 벗어날 수 있으리라 생각했다. 명상에는 조금도 관심이 없었다. 오히려 명상을 하면 머릿속에 있는 비판적 목소리들이 한꺼번에 말을 거는 것 같아 살짝 미친 사람 같은 기분이 들었다. 그럼에도 그린 걸치 선원에 있는 동안은 대세에 따라 명상에 도전해보기로 마음 먹었다.

놀랍게도 첫날 명상수업에 들어가 자리에 앉았는데 몸의 긴장이 풀리면서 신기한 일이 벌어졌다. 오래 앉아 있을수록 머리가 맑아졌다. 잔뜩 솟았던 어깨가 내려가고 호흡이 더 깊어졌다. 가만히 앉아서 숨을 내뱉었다 들이마시는 이 간단한 동작을 오래할수록 엄청난 문제라고 생각했던 것들이 하나씩 차근차근 해결하면 얼마든지 풀 수 있을 것 같았다. 속도를 줄이고 호흡했더니 두려움, 걱정, 의심에서 빠져나올 수 있었고 내가 마주한 장애물을 뛰어넘을 수 있다는 생각이 들었다.

나도 잘 안다. 명상이나 마음챙김, 고요훈련에 대해 모두가 비슷한 말을 한다는 사실을. 스트레스를 적당히 줄여보려고 시작했는데 정신을 차려보니 자기계발서를 쓰고 있다거나 현재에 집중하고자 하는 마음 등에 대한 열변을 토하고 있더라는 이야기를 한다. 어쨌든 나는 정말 명상에 빠지고 말았다! 나는 새로운 것을 일깨워준 첫날 수업 이후로 그린 걸치 선원에서 머무는 동안 하루도 빠지지 않고 모든 수업에 참여했다. 첫 번째 수업에서 내가 경험한 것을 설명하자면, 마치 내가 바랐던 고요함이 마음속으로 스며들어 자리 잡고 내가 필요할 때면 언제나 그곳에 있겠다고 말하는 것 같았다. 명상을 하면 할수록 나는 더 침착해졌고 머리가 맑아졌으며 나의 가장 용기 있는 자아와 가까워졌다.

내 이야기가 진부하게 들릴 수도 있다. 명상이라니? 명상을 모르는 사람이 없을 테지만 몸에 집중하는 훈련이 두려움이란 감정에서 벗어나는 데 얼마나 중요한지는 아무리 강조해도 지나치지 않다. 그린 걸치 선원에서 보낸 주말 이후 나는 기저핵에서 자동으로 시작되는 충동을 멈출 첫 번째 도구를 갖게 되었다. 감정에서 비롯되는 습관을 바꾸는 데 있어 가장 어려운 부분은 바로 습관적 행동이 일어나고 있다는 것을 우리가 모른다는 점이다. 꾸준히 몸에 집중하는 훈련을 한다면 습관적 행동이 자동으로 시작되는 과정을 보다 잘 인지하고 나아가 자세히 들여다볼 수 있다. 나는 일을 하다가 어려운 대화를 나누거나 삶의 변화를 위한 어떤 행동을 포기하고 싶은 생각이 들 때마다 잠시 속도를 줄이고 심호흡을 했다. 그러자 완벽주의자 유형의 행동이 시작되기 전에 두려움의 감정을 알아차릴 수 있었다. 이는 매우 중요한 단계로, 당신이 똑같은 행동의 반복에서 벗어나는 데 큰 도움이 될 것이다.

명상과 같은 훈련을 하다 보면 마음챙김이라는 경험에 집중해야 할 때가 있다. 속도를 줄이고 현재에 충실하는 훈련으로 몸에서 느껴지는 모든 감각과 머릿속에 떠오르는 모든 생각에 주의를 기울인다. 작은 것도 놓치지 않고 인지하되 평가하지 않는다. 마음챙김을 기초로 하는 훈련을 꾸준히 하면 현재에 초점을 맞추는 요령을 익힐 수 있고 더욱 효과적으로 몸에 집중할 수 있다.

'몸에 집중하기'는 뜬구름 잡는 이야기가 아니다. 굉장히 실용적이며 연구결과를 기초로 하는 방법이다. 잠시 하던 일을 멈추고 심호흡을 하는 훈련이 어떤 점에서 좋은지는 이미 수많은 연구결과에서 입증되었다. 그 결과를 보면 정통적인 명상이 아니더라도 몸에 집중하는 방법을 배울 수 있다는 점을 알 수 있다. 또한 구루를 찾아가거나 명상센터에 가지 않아도 되며 의식을 만들 필요도 없다. 몸에 집중하는 간단한 훈련만으로도 두려움이 증폭되어 이로 인한 행동이 통제 불가능해지기 전에 잠시 멈추고 진정할 수 있다. 이번 장에서는 속도를 줄이는 방법과 몸을 통해서 두려움을 다스리고 용기를 훈련하는 방법을 배우게 될 것이다.

논리로는 해결할 수 없다

두려움과 직면해 '설마 최악의 상황으로 빠져들지는 않겠지' 하며 스스로를 다독인 경험이 있을 것이다. 또는 불안을 부추기는 목소리를 아예 무시하는 다소 극단적인 방법을 택하거나 마음속을 어지럽히는 성가신 목소리에 조용히 하고 그만 괴롭히라며 소리쳤을 수도 있다. 고백하자면 나 역시 이러한 전략을 모두 시도해봤다. 앞서 고개를 끄덕였다면 당신이 혼자가 아니라는 것을 말해주고 싶다.

이러한 전략은 단기적으로는 어느 정도 효과가 있다. 스트레스가 일시적으로 줄어들고 신호-행동-보상 고리에서 '보상' 단계가 감지되므로 이러한 전략이 나쁘지 않다는 생각이 든다. 하지만 장기적으로 보면 논리로는 두려움을 해결할 수 없다. 두려움은 논리적이지 않기 때문이다. 오히려 본능적이다.

왜 논리로 두려움에 맞설 수 없을까? 우리는 논리를 활용해 행동을 바꾸는 대신 신호, 즉 두려움 자체를 통제하려고 한다. 두려움을 무시하거나 자기회의감에 사라지라고 소리치고 또 스스로를 다독이는 등 논리적인 대응을 통해 두려움을 다스림으로써 그러한 감정이 아예 느껴지지 않기를 바란다. 초반에 두려움을 없앨 수 있다면 걱정할 필요가 없다고 생각하면서 말이다. 두려움의 신호를 아예 피하려는 시도이다.

그러나 안타깝게도 누구도 두려움의 신호에서 완전히 자유로워질 수 없다. 이것이 인생이다! 누구나 때로는 복잡한 난관에 부딪힌다. 지구상에서 가장 건강하고 안정적이며 엄청난 자신감을 가진 사람도 두려움과 자기회의감을 경험한다. 이는 인간이 겪어야 할 지극히 인간적인 경험이다. 또한 우리는 머리뿐만 아니라 온몸으로 두려움을 느낀다.

핵심은 불편하고 어려우며 무시무시하고 불확실한 상황으로부터 우리 자신을 보호할 예방접종은 없다는 점이다. 원래부터 없었다.

살균 처리된 삶은 예측 가능하지만 따분하고 지루하다. 당신의 가장 용기 있는 자아가 원하는 삶과는 거리가 있다. 그렇다면 두려움을 피할 수 없으므로 이를 다스릴 방법을 찾아보자. 의식적으로 몸에 집중하는 방법은 두려움으로 인한 행동이 나도 모르게 시작되려는 순간 현실을 명확하게 직시하는 데 도움이 되는 강력한 도구다. 이번 장에서 배우게 될 마음챙김 훈련을 통해 몸에서 느껴지는 두려움을 줄이고 더욱 용기 있는 다음 행동을 분명하게 생각할 수 있을 것이다.

자넬은 세 아이의 엄마다. 첫 번째 상담에서 나는 왜 코칭을 받고 싶어 하는지 물었다. 그녀는 농담처럼 대답했다. "낮 동안 유일하게 어른처럼 대화할 기회이니까요!" 큰아이와 둘째아이는 초등학교에 다니고 있었고 남편이 회사에 있는 동안 자넬은 두 살배기 아들과 하루 종일 집에서 시간을 보냈다. 2주에 한 번씩 오후시간에는 보모에게 막내아들을 맡겼다. 전화로 이런 이야기를 하면서 그녀는 동시에 빠르게 걷는 운동을 하고 있었다. 나는 자넬이 멀티태스킹의 여왕이라는 점을 재빨리 알아차렸다.

가벼운 대화가 끝나고 나는 그녀에게 구체적으로 어떤 부분에 집중하고 싶은지 물었다. 그러자 그녀의 목소리가 바뀌면서 갑자기 울기 시작했다. "항상 아이들에게 화풀이를 해요." 울음을 멈추려고 애쓴 탓에 숨소리가 가빠진 그녀가 말했다.

"매일 아침 눈 뜨면 오늘부터 그렇지 않겠다고 스스로 다짐해요.

그런데 남편이 출근하고 한 시간도 되기 전에 또 아이들에게 화를 내요. 학교에 가려고 문을 나서는 것 자체가 전쟁이에요. 아이들이 싸우는 것도 방금 정리한 서랍을 엉망으로 만들어놓는 것도 다 짜증나요. 대개 막내한테 화를 많이 내는 것 같아요. 그러면 나 자신한테도 너무 화가 나요!"

"지금 어디에 있나요?" 그녀에게 물었다. "잠깐 의자에 앉을 수 있겠어요?" 자넬이 지고 있는 짐의 무게가 느껴졌다. 각기 다른 세 아이들을 돌보느라 애쓰는 동시에 생각했던 대로 행동하지 못한 자신을 질책하느라 괴로웠을 것이다. 하지만 놀랍게도 자넬의 목소리가 금세 바뀌더니 재빨리 진정을 되찾았다.

"아니에요." 그녀가 말했다. "시간이 없거든요. 지금 운동하지 않으면 나중에 할 수 없어요. 보모를 쓰느라 돈이 들어갔는데 한 시간 안에 해야 할 일을 못 하고 싶지는 않아요. 전 그냥 너무 힘들 때 감정을 다스릴 수 있는 방법을 알고 싶어요."

서둘러서 전략을 배우고 문제 해결을 위한 목록을 만들고 싶어 하는 그녀를 충분히 이해할 수 있었다. 세 아이를 키운다는 것이 공원 산책처럼 쉬울 리 없었다. 그럼에도 나는 달갑지 않은 소식을 전했다. "제 접근법은 그보다는 더 시간이 걸려요." 내가 말했다. "하지만 정확히 문제가 무엇인지 천천히 살펴본다면, 도움 될 만한 구체적인 행동들을 찾을 수 있어요. 어때요?"

자넬은 한번 해보겠다고 대답했고, 나는 이제 시작이라고 생각했다. 매일 그녀가 느끼는 감정에 대해서 이야기하면서 나는 감정을 표출한 수단이 없었기 때문에 힘들고 짜증이 났던 것이 아닐까라고 생각했다. 모순적이게도 흥분을 가라앉히고 감정을 숨기려고 노력할수록 감정이 더욱 쌓이면서 결국 조금씩 새어 나오게 되는 것이다. 아이들에게 화를 내는 것처럼 말이다.

"힘들다고 느끼지 않았다면 어떤 사람이 되고 싶고 또 어떤 삶을 살고 싶나요?" 나는 자넬의 가장 용기 있는 자아에 대해 들을 수 있기를 바라며 질문했다.

"느긋하고 여유 넘치는 엄마가 되고 싶어요." 말을 마친 자넬이 웃음을 터뜨렸다. "좀 바보 같은 말이네요."

"아니에요. 제가 만났던 모든 엄마들도 똑같이 말했을 거예요. 저도 마찬가지고요." 나 역시 웃으면서 말했다. "좀 더 깊이 들어가보죠. '느긋하고 여유 넘치는 엄마'라면 어떤 모습일까요?"

"아마도 전…… 임신하기 전에 늘 생각했던 제 모습일 것 같아요. 예전에 예술 분야 보조금 프로젝트에서 일했어요. 보조금 지원을 결정하기 전에 예술작품을 먼저 보는 것이 제 업무였기 때문에 공짜표를 많이 받았어요. 다양한 예술적 하위문화에 관심이 많았는데, 하루 종일 예술에 대해 이야기하고는 했죠." 자넬이 밝은 목소리로 말했다. "나는 사소한 일에도 기겁하는 엄마들과는 다를 줄 알았어요. 한 손에는 아기를 안고 한 손에는 와인을 든 채 미술관을 누빌 거라고 생각했죠. 사람들이 깜짝 놀라면 일하는 엄마라고 대답하고요. 그런데 첫째를 낳고 나니까 너무 피곤해서 직장에 복귀할 수 없었어요. 얼마 후에 둘째를 임신했는데, 둘째가 태어나고 얼마간 남편이 직장을 구하지 못했어요. 유치원을 보낼 돈이 없어서 직장을 아예 그만뒀죠. 그리고 셋째를 가지기로 했어요. 이제 남편이 다시 일을 시작했지만, 다시 일할 생각은 해본 적이 없어요."

"정말요?" 내가 놀라며 물었다. "단 한 번도, 다시 직장으로 돌아갈 생각을 해본 적이 없어요?" 걷고 있던 자넬의 숨소리가 거칠어졌고, 나는 오랫동안 어색하게 침묵하며 기다렸다. 마침내 그녀가 입을 열었을 때, 또다시 애써 감정을 숨기고 있다는 것을 알 수 있었다.

"사실 항상 생각하고 있어요. 제 말은 이제 다시 일한다는 것이 가능하다고 생각해본 적이 없다는 뜻이에요."

"좋아요, 그렇다면, 다시 일을 하고 싶나요?" 내가 물었다.

"아니요, 물론 아니죠." 자넬이 곧바로 대답했다. "누가 대신해서 애들을 보겠어요? 직장을 다니면서 모든 일을 해낼 자신이 없어요. 아시겠지만, 누군가는 집안일을 해야 하잖아요. 양말짝도 맞춰야 하고, 아이들은 어차피 안 먹겠지만 잊지 않고 채소도 사야 하고. 물론 알아주는 사람은 아무도 없지만요. 그리고 직장에서 받는 스트레스를 다시 감당할 수 있을지 모르겠어요."

그녀의 가장 용기 있는 자아가 원하는 것을 파악하는 과정 내내 자넬은 자꾸만 훌륭한 엄마가 되고 싶은 욕구로 되돌아갔다. 물론 좋은 엄마가 되는 것이 그녀에게 중요하다는 점은 이해가 되었지만,

그녀가 반복해서 '훌륭한 엄마가 되는 것'이라고 말하는 것이 마음에 걸렸다. 엄마라는 역할 외에 무엇이 있을까? 자넬은 그저 재미로 전시회를 보러 가는 것이 재미있을 것 같다고 말한 후에 곧바로 아이들 때문에 시간을 낼 수 없다고 덧붙였다.

자넬을 찬찬히 살펴본 결과 그녀의 신호-행동-보상 고리가 어렴풋이 보이기 시작했다. 24시간 완벽하게 헌신적인 엄마가 돼야 한다는 압박감과 부담이 신호였다. 그녀는 논리적으로 생각하고 감정을 다스리는 전략을 활용해서 압박감을 줄이고 신호를 통제하려고 애썼다. 그러나 이는 장기적인 해결책이 아니었다. 압박감(두려움, 자기회의 및 스트레스)이 손쓸 수 없을 만큼 커지면서 행동을 유발했고, 그 결과 그녀는 아이들에게 불같이 화를 냈다. 아이들을 혼내고 나면 일시적으로 진정되었지만 곧바로 죄책감이 들었다. 나는 자넬에게 죄책감에 대해 더 자세히 이야기해달라고 말했다.

"죄책감은 꽤 빨리 찾아오는 편이에요." 자넬이 말했다. "그런데 소리를 지르고 난 직후에 5초 정도는 아이들이 말을 잘 듣거든요. 보채거나 싸우는 것을 멈추고 정말 조용해져요. '엄마가 화났으니까, 말 잘 들어야겠다'라고 생각하는 거죠."

"행동을 바꾸려면 신호-행동-보상 고리를 깨뜨려야 해요." 내가 설명했다. "그리고 원한다면 '전략'을 짜드릴 수 있어요."

"어머나, 전략 말이군요! 정말 마음에 들어요. 더 자세히 말해주세요." 자넬이 한층 들뜬 목소리로 말했다.

"먼저 도구를 사용할 거예요. 원한다면 '전략'이라고 불러도 좋아요. 몸에 집중하기란 훈련이에요. 몸에 집중하는 방법은 다양해요. 춤을 출 수도 있고, 스트레칭을 하거나 달리기를 할 수도 있고, 명상 등 정말 많지만, 저는 대개 몇 분 동안 심호흡을 하면서 머릿속에 떠오르는 통찰력에 집중하는 방법을 권하고 있어요."

자넬은 잠시 말이 없었다. 그녀가 고심 중인지 아니면 내가 뉴에이지 인생코치라고 생각하는지 알 수 없었다. "도움이 될지는 모르겠지만," 나는 홍보하는 심정으로 덧붙였다. "이러한 접근이 도움이 된다는 사실을 증명하는 정식 연구자료가 정말 많아요."

"좋아요, 시도해볼게요." 자넬이 말했다. "그렇지만 세이지 스틱을 사라고 권유하지 않았기 때문에 승낙하는 거예요."

"사실, 몇 달 정도 기다렸다가 세이지 스틱을 사라고 말하거든요." 그녀의 말에 나도 농담을 던졌다.

농담이 아니라 나는 정말로 몸에 집중하는 훈련이 자넬이 더욱 참을성 있게 자신과 아이들을 대하는 첫 번째 단계가 되기를 바랐다. 또한 그녀가 엄마 외에 인생에서 정말로 원하는 것이 무엇인지 파악할 수 있도록 통찰력을 얻으리라고 기대했다. 계속해서 압박감에 시달린다면, 똑같은 순환을 반복하는 것 외에 다른 행동을 하기가 굉장히 어려울 것이 뻔했다.

전신 스캔

몸에 집중하는 훈련은 두려움의 시작점을 파악하는 데 매우 중요하다. 정규직으로 일하면서 경영대학원을 다녔던 엘리아나를 떠올려보자. 그녀는 팀에서 유일한 여성이라는 스트레스를 감당하는 동시에 세세한 부분까지 신경 쓰느라 오히려 제대로 된 성과를 거두지 못하고 있었다. 두려움이 위급함의 형태로 표출된다는 것을 깨달았기 때문에 그녀는 선로에서 벗어나기 직전 순간을 정확하게 파악할 수 있었다. 2장에서는 두려움이라는 감정과 그것이 어떻게 표출되는지를 함께 고민했다. 다시 한번 그 감정들을 소리 내어 말해보자. 두려움, 자기회의, 망설임, 또는 걱정이 시작되면 목이 뻣뻣해지는가? 아니면 집중력이 떨어지는가? 짜증이 나지는 않는가? 손바닥에 땀이 나지는 않는가?

앞서 파악한 두려움의 감정에 대해 생각한 다음 잠시 멈추고 심호흡을 해보자. 어떤 것이 느껴지는가? 그저 숨을 내뱉고 들이마시는 것에서부터 시작해보자.

자넬은 몸에 집중하기 위해 심호흡을 하는 간단한 연습부터 시작했다. 어느 정도 시간이 지난 후에는 몸에 집중하기 위한 더욱 심도 있는 훈련으로 넘어갔다. 바로 '전신 스캔'이다. 고객과 함께 일하면서 나는 전신 스캔이 가장 간단하면서도 직관적인 방법이라는 점을 발견했다. 언제 어디서든 5분만 투자하면 할 수 있기 때문이다.

자세한 방법은 이렇다. 먼저 발에서부터 시작한다. 발에 이렇게 질문해보자. “안녕, 오늘 기분이 어때? 부담 주려는 건 아니고, 그냥 궁금해서.” 일부러 접근법을 최대한 가볍게 만들었다. 훈련이 간단해야 더 쉽게 활용할 수 있기 때문이다. 물론 다른 질문을 해도 괜찮다. “나한테 하고 싶은 이야기가 뭐야?” 또는 “어떤 감정이 진짜처럼 느껴지지?”와 같이 자신이 원하는 질문을 만들어 응용한 고객들도 있다. 이제 무릎으로 넘어가 질문할 차례다. “안녕, 오늘 기분이 어때? 부담 주려는 건 아니고, 그냥 궁금해서.” 허벅지까지 올라가보자. 여성은 체중과 관련한 부정적 조건화에 너무 많이 노출되는 만큼 허벅지의 긴장을 풀고 감정을 배제하는 것이 어려울 수도 있다. 그러나 어떤 기분이 드는지에 집중해보자. “안녕, 오늘 기분이 어때? 부담 주려는 건 아니고, 그냥 궁금해서.” 이제 골반에 물어보자. "안녕, 오늘 기분이 어때? 부담 주려는 건 아니고, 그냥 궁금해서.” 그런 다음 배로 넘어간다. “안녕, 오늘 기분이 어때? 부담 주려는 건 아니고, 그냥 궁금해서.” 다음으로 가슴, 어깨, 목, 이마 순으로 같은 질문을 던지면 된다. “안녕, 오늘 기분이 어때?”

잠깐 시간을 내서 이 과정을 시도해보자. 휴대폰이나 시계의 타이머를 3~5분으로 설정하고 가볍게 호흡하면서 어떤 일이 벌어지는지 집중하면 된다. 온몸으로 느껴지는 것들에 호기심을 가져보자. 무언가를 바꾸기 위해 노력할 필요는 없다. 이 훈련은 온몸으로 인지하는 것이 핵심이다. 전신 스캔을 하는 동안 여러 감각이 느껴질 것이다. 이러한 감각은 호기심, 침착함, 불안함, 그리고 행복이라는 다양한 감정으로 해석된다. 고객이 신호-행동-보상 고리를 보다 잘 이해하고 이를 두려움의 패턴에 활용할 수 있도록 나는 두려움과 연관된 감각을 파악하는 데 도움을 주고 있다. 두려움이 유발하는 감각 중에서 가장 흔하게 나타나는 것들은 다음과 같다.

- '무언가 잘못되었어'라는 생각에 속이 뒤틀린다.
- 신체 일부가 뻣뻣해진다(곧 행동이 시작됨을 알리는 신호로 숨을 깊게 들이마시면 도움이 된다).
- 집중력이 떨어진다.
- '헤드라이트 불빛에 놀란 사슴'이 된 듯한 기분이 들면서 갑자기 생각이 정리되지 않고 반응을 할 수 없다.
- 어떤 기분이 느껴지기는 하는데 딱히 말로 설명할 수 없다.

두려움이 감지되는 순간 바로 차단하거나 관계를 끊어버리고 다른 생각을 하면서 주의를 돌리고 싶을 것이다. 이번 장에서 우리는 이러한 감정을 '컨테이너 안에 담는' 방법을 살펴볼 것이다. 하지만 먼저 이 짧은 훈련을 하면서 몸을 통해 느껴지는 두려움을 더욱 적극적으로 느껴야 가장 용기 있는 자아로 나가기 위해 야심차고 담대한 위험을 감수할 때 두려움을 더 잘 다스릴 수 있다.

전신 스캔은 몸에 집중하는 여러 가지 방법 중 하나이다. 유일한 방법 또는 당신에게 꼭 맞는 궁극적인 방법이 아닐 수 있다. 핵심은 두려움이 감지되는 순간 오래된 습관에 빠지는 대신 이루고자 하는 욕망을 따라 계속해서 움직일 수 있도록 어떤 식으로든 몸에 집중하는 요령을 찾는 것이다.

전신 스캔을 어느 정도 연습했는데도 그다지 도움이 되지 않는다거나 다른 방법으로 몸에 집중하고자 한다면 다음의 방법을 참고해보자.

신체 여러 부위에 "뭐가 필요해?" 또는 "나한테 하고 싶은 이야기가 뭐야?" 등의 질문을 던진 다음 어떤 대답이 돌아오는지 집중해보자.

춤을 추는 것도 도움이 된다. 좋아하는 노래로 만든 재생 목록이 없다면 유튜브를 켜보자. 집에 혼자 있을 때 노래를 무작위로 재생한 다음 춤을 춰보자. 그날그날 다른 장르의 음악에 도전해보자. 어떤 날에는 역동적이고 터프한 제임스 브라운의 노래에 맞춰 춤을 추고 다른 날에는 더스틴 오할로란의 4중주 2번을 들으며 눈물을 흘려도 좋다. 생각을 정리하고 싶을 때는 쇼팽의 피아노 소나타를 들어보자. 흘러나오는 음악에 맞춰 마음껏 몸을 움직여보자.

달리기도 좋은 방법이다. 달리기는 어려운 운동이다. 그래서 싫어하는 사람도 있는데, 나는 달리기가 어렵기 때문에 오히려 좋아한다. 달리다 보면 뇌가 잠잠해진다. 몸과 호흡에 온전히 집중할 수 있다. 당신도 마찬가지일 수 있다.

요가도 추천한다. 아직 요가에 흥미를 느끼지 못했더라도 계속 시도해보자. 요가는 스타일이 너무나도 다양할뿐더러 하나의 스타일 안에도 강사의 개성에 따라 가르치는 방식이 다르다. 나는 빈야사 플로우를 만나기 전까지 형편없는 요가 학생이었다. 나와 가장 친한 친구인 발레리는 속도가 느리고 체계적인 아헹가 수업을 즐겨 찾는다. 또 다른 친구는 핫요가인 비크람을 선호한다.

스트레칭도 도움 된다. 요가를 하라는 말이 아니다. 편안한 옷을 입고 바닥 위에 앉아 다리를 길게 뻗어보자. 발목으로 원을 그리고 팔을 머리 위로 쭉 뻗은 다음 호흡해보자.

성관계 혹은 자위 역시 몸에 집중하게 되므로 도움이 될 수 있다. 마음껏 즐기도록!

등산 또는 걷기도 좋다. 산책 코스를 정한 다음 계속해서 호흡하면서 일정 시간 동안 걷는다. 몸에 일어나는 변화들에 주의를 기울이다.

시각화 훈련도 효과적이다. 눈을 감고 행복한 자신의 모습을 상상해보자. 세부적인 부분까지 생동감 있게 그려보자. 좋아하는 일을 하면서 건강함으로 빛나고 친구와 배우자 등과 좋은 관계를 유지하는 나를 떠올린다.

무엇을 하든 간단하게 할 수 있는 방식으로 몸에 집중하는 훈련을 하는 것이 중요하다. 최대 5분을 넘기지 않아야 한다. 어떤 기분이 들고 어떤 생각이 떠오르는지에 집중한 다음 주요 내용을 적어서 기록하자. 시작은 매끄럽지 않았지만 자넬은 머지않아 몸에 집중함으로써 훌륭한 통찰력을 얻을 수 있다는 사실을 알게 될 것이다.

내면의 목소리를 들어라

몇 주간 상담을 진행하는 동안 자넬은 중요한 과정을 거쳤다. 그녀는 주안점으로 '전시회 관람하기'와 '느긋한 엄마라고 느끼기'를 선택했다. 나는 여전히 보이지 않는 이면에 많은 것이 내재해 있다고 생각했지만, 주안점을 파악하고 상담을 위해 시간을 내는 것만으로도 자넬에게는 벅찰 수 있다는 점을 잘 알고 있었다. 우리는 또 그녀가 두려움과 마주하면 순교자 유형의 행동을 보인다고 결론지었다. "유죄에요." 두려움이 유발하는 행동에 대해 이야기하던 날 그녀가 말했다. "사실 상담을 하려고 집을 나서려는데 아들이 난리를 치는 거예요. 결국 포기했죠. 어쩔 수 없이 보모가 집에 있는데도 아들을 유모차에 태워서 밖으로 나왔네요."

생각보다 진전이 더딘 부분이 딱 한곳 있었는데 바로 몸에 집중하는 훈련이었다. 자넬은 전신 스캔이 전혀 도움 되지 않는다고 했다. 스트레스가 줄어드는 대신 더 많아진 것이다. 두려움이 느껴지기 시작하면서 찾아오는 불쾌감을 너무 싫어했다. 이 과정을 극복하지 못하면 당분간은 아무것도 바뀌지 않는다는 사실을 머리로는 잘 알고 있었지만 말이다. "마음이 편안해지는 대신 더 화가 나요." 한 주 동안 몸을 통해 두려움을 느끼는 훈련을 연습하면서 아무런 효과를 보지 못한 그녀가 말했다. "배 속에서 뭔가 느껴지기는 하는데, 해야 할 집안일이 적어도 15개는 되는 와중에 매일 그나마 겨우 짬을 내서 이런 호흡 연습이나 하고 있다는 게 짜증나요."

나는 자넬이 불만을 너무나도 솔직하게 얘기해줘서 기뻤다. 나부터라도 스트레스를 줄이는 대신 오히려 더하는 일을 계속해서 하고 싶지 않았을 테니 말이다! 그렇지만 두려움을 피하지 않고 온몸으로 느껴야 하는 이 과정을 좋아하는 사람이 아무도 없다는 것도 잘 알고 있었다. 사람들이 공포를 들여다보도록 도울 때마다 이 순간이 가장 어렵다. 필요한 과정을 강요하는 것과 서두르는 것은 종이 한 장 차이이기 때문이다. 불편하다고 해서 과정을 완전히 배제하는 것 또한 바람직하지 않다. 나는 자넬에게 통화를 하면서 안내에 따라 몸에 집중할 수 있는 훈련을 해보겠냐고 물었고 그녀는 알겠다고 대답했다.

"지금 느끼는 감정, 그러니까 배 속에 있는 그 느낌에 목소리를 준다고 생각해보세요. 뭐라고 하나요?" 내가 질문했다. 그리고 자넬의 대답에서 얻은 통찰력을 바탕으로 향후 몇 달 동안의 코칭 방향을 정했다. 아이를 낳은 이후 떨칠 수 없을 것 같았던 스트레스의 고리가 드러났고 이를 통해 그녀가 좋아했고 오랫동안 그리워한 미술 분야에서 다시 일하는 동력을 되찾았다.

자넬은 숨을 크게 들이마셨다. "이렇게 말하네요. '너는 좋은 엄마가 되지 못하고 있어.'" 너는 좋은 엄마가 되지 못하고 있어. 바로 자넬이 외면하고자 했던 그녀의 두려움이었다. 이 두려움이 장막 뒤에서 스스로를 한없이 희생하는 순교자의 행동을 유도하며 그녀를 지치게 만들고 있었다. 몸에 집중하는 훈련을 피하면 그녀가 좋은 엄마가 되지 못하고 있다는 두려움과 불쾌한 걱정을 느낄 필요가 없었다.

“좀 더 자세히 말해보세요.” 내가 제안했다. “당신 생각에 좋은 엄마는 어떤 모습이죠?” 자넬은 늘 저글링 하느라 애썼던 일들을 줄줄 말했다. 아이들을 레슨이나 운동 연습에 데려다주기, 싸움 말리기, 집안 깔끔하게 유지하기, 아이들 한 명 한 명과 충분한 시간 보내기, 식단 짜기, 쇼핑하기 등등이었다. 그녀는 스스로 좋은 엄마가 되어야 한다는 생각에 사로잡혀 있었다. 동시에 좋은 엄마가 되기 위해 해야 하는 일들에 화를 냈다. 하지만 분노라는 감정을 인정하는 것이 어려웠다.

“어떤 때는 이런 생각까지 해요. ‘아이들이 함께 노는 시간과 개별적으로 노는 시간이 적절한 균형을 이루고 있을까?’ 그래서 아이들과 충분한 시간을 보내지 못해서 나 자신에게 화가 나 있지 않을 때는 혼자서 놀이하는 시간이 부족한 것이 아닐까 걱정하죠.” 그녀가 말했다.

자넬은 좋은 엄마가 아니라는 두려움 때문에 아이들에게 과잉 보상하기 바빴다는 사실을 깨달았다. 아이들이 실망하지 않도록 모든 일을 대신 해주었던 것이다. 장기적으로는 아이들에게 좋을 것이 없다는 점을 머리로는 이해하고 있었지만, 좋은 엄마가 아니라는 두려움으로 인해 그녀는 먼저 나서서 아이들에게 제안하고 놀이에 끼어들며 혹시 엄마가 필요하지 않은지 확인하기 일쑤였다. 어떤 때는 그녀가 나서서 아이들을 도와주고 있다는 사실을 인지하지 못했다. 첫째와 둘째에게 정리 정돈하라고 말한 다음 어느 순간 방을 치우고 있는 자신을 발견할 때도 있었다. 왜 이런 행동을 했을까? 일부는 '좋은 엄마'가 이상적인 목표라고 말하는 사회적 조건 때문이다. 그런가 하면 자넬의 성장 배경과 그녀의 어머니도 영향을 미쳤을 것이다. 또한 아이를 낳기 전부터 지속되어온 자넬의 순교자 성향에서 원인을 찾을 수 있다.

"그렇기 때문에 어떤 식으로든 몸을 활용하는 훈련이 도움이 된답니다." 내가 말했다. "몸에 온전히 집중하면 순교자 행동을 하는 그 순간을 정확하게 감지할 수 있어요. 실제로 행동하기 전에 말이죠."

자넬은 본격적으로 몸에 집중하는 훈련을 하기로 마음먹었다. 처음에는 몸에 일어나는 변화를 감지하는 것만 가능했다. 두려움의 감정과 아이들의 행동에 개입하고자 하는 충동을 인지했다. 시간이 지나고 늘 사소한 것까지 챙기는 것을 자제하기 시작하면서 그녀는 아이들이 새로운 엄마의 모습에 적응하는 동안 무너지지 않고 잘 견디기 위해 몸에 집중하는 훈련을 했다. 이제 새로운 모습의 엄마는 아이들이 어질러 놓은 방은 알아서 치워주거나 아이들이 원하는 것을 바로 주지 않았다.

덕분에 자넬은 아무 생각 없이 행동하는 엄마로 되돌아가지 않았다. 심한 압박감이 조금씩 사라지기 시작하자 그녀는 엄마 외에 진정으로 원하는 것이 무엇인지 스스로에게 물었다. 그녀는 이제 예술

업계에 다시 뛰어들고 예술 관련 행사에 참석하기 위한 첫 발걸음을 내디딜 준비가 되었다. 자신을 위한 행동을 통해 그녀는 더욱 침착해졌고 인내심도 향상되었다. 또한 그동안 회피했던 결혼생활의 문제점도 발견했다. 엄마라는 역할에 매진하면서 못 본 척 피해온 문제들이었다. 자넬은 몸에 집중하는 훈련을 바탕으로 남편과 집안에서의 역할과 책임 분담에 대한 어렵지만 허심탄회한 대화를 나눴다. 이미 오래전에 해야 했을 대화였다. 또한 육아 방법과 부부로서 돈독한 사이를 다지는 방법에 대해 이야기했다. 얼마간은 결코 쉽지 않았다. 하지만 자넬이 스스로가 누구인지 고민하고 이를 일상에 반영하면서 가족 모두가 더 나은 모습으로 거듭나게 되었다.

상담을 시작했을 때만 해도 자넬의 신호-행동-보상 고리는 다음과 같았다.

신호: 사회적 기대를 충족시켰지만 자신을 희생해야 했던 육아 방식과 이로 인한 엄청난 압박감. 특히 자넬이 자신의 꿈을 좇는 생각을 할 때마다 강력하게 표출되었던 좋은 엄마가 아니라는 두려움.

행동(순교자): 자넬은 그녀도 모르는 사이에 아무 생각 없이 순교자에 해당하는 행동을 보였다. 때문에 그녀가 진정으로 원하는 것, 즉 창의적인 열정을 되찾고 다시 직업을 가지는 것에서 도망칠 수 있었다.

보상: 일시적으로 불안감이 줄어들었지만 장기적으로는 압박감이 다시 시작되었다. 또한 그녀가 진정으로 즐거워하는 삶을 살고 있지 않다는 생각이 들었다.

몇 달에 걸쳐 함께 노력한 끝에 그녀의 신호-행동-보상 고리는 다음과 같이 바뀌었다.

신호: 육아와 관련된 요구 사항과 압박감, 그리고 좋은 엄마가 되지 못한다는 두려움.

행동(순교자): 자넬은 용기 습관의 각 단계를 바탕으로 새로운 행동을 개발했다. 잠시 멈추고 진짜 감정을 파악하기 위해 몸에 집중하는 훈련을 했다. 시간이 지난 후에는 다른 용기 습관 단계를 활용했다. 두려움이 하는 말에 귀 기울이되 감정은 배제했다. 그리고 두려움에서 비롯된 (앞으로 설명하게 될) 제한적 스토리인 '일을 하면 좋은 엄마가 될 수 없어. 워킹맘은 너무 이기적인 선택이야'와 '남편과 아이들이 나한테 크게 의지하고 있어'를 재구성했다. 또한 다른 엄마들과 교류하면서 필요할 때 도움을 요청했다.

보상: 압박감이 줄어들었고 순교자 행동으로 이어지는 두려움으로 인한 감각을 더 잘 파악하게 되었다. 이를 바탕으로 두려움으로 인한 행동을

멈추게 되었고 그녀가 진정으로 원하는 삶과 일치하는 선택을 내리기 시작했다.

경험을 컨테이너 안에 담아라

처음 시작했을 때만 해도 자넬은 몸에 집중하는 훈련을 싫어했다. 회피하고 싶던 것들을 마주해야 했기 때문이었다. 또한 정답이 바로 나오는 것도 아니었다. 많은 사람들이 자넬과 비슷한 경험을 한다. 불쾌한 감정을 불러일으키는 일을 누가 하고 싶겠는가? 전신 스캔이 불러올 어떤 감정을 우려해 이러한 훈련을 거부하는 사람들도 있다. 몸에 집중한 이후에 슬프거나 화가 나며 또 전반적으로 인생이 엉망진창이라는 사실을 깨달았다면, 이러한 감정으로 무엇을 해야 할까? 오랫동안 부정적인 사고방식에 갇혀 있으면 에너지만 소모될 뿐이다. 그렇다면 다른 방법이 있을까?

이쯤에서 나는 '경험을 컨테이너 안에 담기'라는 개념을 소개한다. 컨테이너를 떠올려보자. 통 안에는 여러 물건들이 아무렇게나 섞여 있다. 하지만 컨테이너의 벽 덕분에 물건들이 밖으로 흘러나와 위험해질 가능성은 희박하다. 이 개념의 핵심은 나 자신에게 감정을 솔직하게 들여다보는 데 필요한 충분한 공간을 제공하고 이러한 감정들이 새어 나오지 않도록 경계선을 잘 세우는 것이다. 감당하기 어려운 감정이 걱정이라면 몸에 집중하는 경험을 '컨테이너 안에 담는' 다음의 방법을 살펴보자.

우선 다른 방에 타이머를 둔다. 타이머가 울리면 끄기 위해 몸을 움직여야 하므로 감당하기 힘든 강렬한 감정을 잠시 멈출 수 있다. 타이머가 울리기 전까지 부정적인 기분을 고스란히 느낄 수 있는 공간이 보장된다. 미리 설정한 방해 요소가 있어 너무 많은 시간을 보내지 않아도 되므로 안심할 수 있다.

또는 친구에게 훈련 내용을 설명하고 정해진 시간에 문자 또는 전화를 부탁한다. 전화가 왔음을 알리는 벨소리가 방해 요소다. 친구와 통화하면서 감정을 추스를 수 있다.

'감정 배출 파트너'가 되어줄 친구를 찾는 방법도 있다. 감정 배출 파트너란 말 그대로 감정을 배출할 수 있는 창구를 제공해주는 친구이다. 또한 소리치거나 울고 화를 내도 옆에서 묵묵히 들어주며 이러한 행동은 진짜 내 모습이 아니라 감정 배출 훈련을 위한 것임을 잘 이해할 수 있는 친구가 좋다.

몸에 집중하는 훈련이 끝난 직후 집 주변을 산책하기로 계획해도 좋다. 훈련이 끝나자마자 할 일이 있기 때문에 감정이 감당할 수 없을 정도로 커질지도 모른다는 두려움을 줄여준다.

몸이 중심이 되는 훈련을 중요하게 생각하는 테라피스트, 신체 전문 상담가, 또는 코치와 함께 몸에 집중하는 훈련을 하는 것도 좋다.

또 한 가지 기억해야 할 점이 있다. 우리는 종종 강렬한 감정을 무서워하기 때문에 몸에 집중하는 훈련에 거부감을 느끼지만, 이 외에도 다른 것을 발견할 수 있다! 훈련 과정에서 긍정적인 감정이 생기거나 몸에 집중하는 훈련이 기분 좋은 경험이 된다면 어떨까? 훈련을 통해 자신이 엄청나게 유쾌한 사람이라는 사실을 알게 된다면? 열성적인 사람이라면? 혹은 겸손하다면? 무엇보다 전신 스캔을 통해서 호기심과 관능미를 느끼게 된다면 어떨까?

리사는 십대 시절 어머니의 죽음 당시 느꼈던 강렬한 슬픔이 떠오를까 몸을 사용하는 훈련을 기피했다. 나는 그녀가 주저하는 이유를 충분히 이해할 수 있었다. 슬픔에 빠져 허우적거리고 싶은 사람은 아무도 없다. 하지만 나는 우리 모두와 마찬가지로 리사에게 그녀만의 신호-행동-보상 고리가 있으며 몸에서 가장 처음으로 느껴지는 두려움의 신호를 의식적으로 파악하지 않는다면 그녀가 반복되는 고리에서 헤어나지 못할 것이라는 점을 알고 있었다.

"그럼, 만약 몸에 집중하는 과정에서 울지 않아도 된다면요?" 불편하겠지만 그녀가 삶의 주도권을 찾도록 도와주는 이 훈련을 할 수 있기를 바라며 내가 물었다. "그러니까, 원하는 방식으로 비슷한 훈련을 얼마든지 만들 수 있어요. 운전석에 앉아 있는 건 당신이니까요. 매일 음악 한 곡을 틀어놓고 즐겁게 춤을 춰도 되고, 땅에 누운 다음 다리를 위로 올리고 깊게 호흡해도 좋아요. 파워 워킹도 훌륭하죠. 중요한 건 무엇을 하든 몸에 집중하는 거예요. 그리고 끝난 후에 느꼈던 감정을 간단하게 기록하기만 하면 된답니다. 이 중에서 마음에 드는 활동이 있나요?"

리사는 매일 한 곡에 맞춰 춤을 추면서 노래가 끝날 때까지 감정이 자연스럽게 생기도록 하는 훈련을 선택했다. 훈련을 하다 보면 가끔 울기도 했다. 하지만 한 곡이 끝날 때까지만 몸에 집중할 수 있었다. 끝이 정해진 노래가 정신없이 뒤섞인 감정을 모두 담을 수 있는 공간인 '컨테이너'가 되었다. 시간이 지나면서 그녀는 오래된 슬픔을 정리할 수 있는 구분된 공간이 있어 다행이라는 생각이 들었다. 이 공간에서는 감정이 완전히 소모되지 않았다.

대부분 몸에 집중하는 과정에서 리사와 비슷한 경험을 한다. 몸에 집중한다고 해서 불현듯 인생의 해답이 떠오르는 것은 아니다. 그러나 주기적인 훈련을 통해 작지만 의미 있는 통찰력을 얻을 수 있다. 몸에 집중하는 훈련은 우리가 이루고자 하는 변화가 흔들리지 않도록 오래전부터 반복되어온 두려움에 대한 반응과 감정을 의식적으로 살피게 도와준다.

어떤 전략을 사용하든 몸에 집중하는 경험을 컨테이너에 담고 또 부정적인 생각에 맞서는 것은 사실 궁극적으로 간단하다. 컨테이너 안은 얼마든지 '지저분해져도' 괜찮다. 울어도 좋고 욕설을 퍼부어도 좋다. 베개를 주먹으로 내리치거나 벽을 향해 큰 소리로 투정을 부리고 불만을 늘어놓아도 된다. 하지만 컨테이너 밖으로 이러한 감정을 가지고 나오지 않겠다는 약속을 지켜야 한다. 타이머가 울리는 순간이 경계선이라면, 바로 불만을 멈추고 진지한 태도로 임해야 한다. 이제 컨테이너 밖이니 불만을 멈추라는 말이다. 몸에 집중하는 훈련이 끝나면 바로 산책하는 것이 경계선이라면, 그냥 걸어보자.

감정을 버리고 걷는 데 집중하는 것이 중요하다.

연습을 통해 올바른 컨테이너를 설정한다면 얼마든지 부정적인 감정도 효과적으로 다스릴 수 있다는 점을 알게 될 것이다. 이러한 감정을 무턱대고 피할 필요는 없다. 강제로 없애지 않아도 된다. 경계선을 활용하면 복잡하고 어려운 감정을 걷잡을 수 없이 키우지 않고 잘 다루는 힘이 생긴다.

두려움은 우리에게 몸에 집중하는 것은 부정적인 경험이며 결국 엄청난 부담감을 느끼게 된다고 이야기하지만, 이는 사실이 아니다. 많은 고객들이 몸에 초점을 맞춤으로써 더욱 유쾌하거나 진지하고 관능적이거나 여성스러운 모습을 발견했다.

이번 장에서 나는 두려움이 논리적이지 않다는 점을 지적했다. 오히려 본능적이며 몸을 통해 느끼는 두려움은 우리 삶에 많은 영향을 미친다. 기쁨 역시 논리적인 감정이 아니다. 역시 본능적이고 두려움과 마찬가지로 몸을 통해 전달되며 우리 삶에 많은 영향을 미친다. 가장 용기 있는 자아는 대담하고 훌륭한 일들을 할 것이다. 하지만 우리는 대담하다고 느끼고 용감하다고 느끼며 원하는 삶을 만들 수 있다고 느낄 때 가장 행복하다.

이제 구성 요소를 알고 있으니 몸에 집중하는 여러 가지 방법 중에 어떤 것을 선택할 것인가? 선택한 도구를 활용하겠다는 결심이 설 때까지 기다린다면, 그만큼 행동을 실천하고 몸에 집중하는 시점이 늦어진다. 용기 있는 삶을 현실로 옮기는 데도 진전이 없을 것이다.

하지만 하루에 5분씩만 몸에 집중하는 간단한 방법을 택한다면 다양한 장점을 누릴 수 있다. 두려움을 인식하고 그것이 우리의 주도권을 어떻게 빼앗아가는지를 이해하면 현재에 집중하고 대안을 선택하는 데 필요한 지식을 얻을 수 있다.

용기 습관 과정의 핵심이라고 할 수 있는 또 다른 장점이 있다. 몸에 집중함으로써 내면의 공간을 넓힐 수 있고 비판적인 내 안의 목소리가 하는 말에 귀 기울일 수 있다. 대개 이러한 목소리에 속수무책으로 당하는데, 주로 다음과 같은 말을 한다. '너는 좋은 엄마가 아니야.' '네 실력은 형편없어.' '이직하려고 한다면 사람들이 미쳤다고 할 거야.'

살면서 두려움을 유발하거나 내가 하찮아 보이도록 만드는 것들에 부딪히면 내면의 비평가는 잔인하고 시끄러우며 깔보는 듯한 말을 내뱉는다. 몸에 집중하는 훈련은 신경계의 속도를 줄이기 때문에 두려움이 가속화되지 않는다. 바로 이때 두려움에서 비롯된 내면의 목소리를 사전 예방하는 조치를 취해야 한다. 다음 장에서는 변화가 가능한 순간에 당신을 방해하는 비판적인 목소리에 대해 알아볼 것이다. 목소리를 무시하거나 멀리 쫓아내는 대신 만나보고 그것이 나타나는 원인을 배우게 된다. 무엇보다 목소리의 힘이 지나치게 커지는 것을 막는 요령을 익힐 것이다.

4장

감정 없이 듣기

테일러는 상담을 처음 문의하면서 집중하는 데 약간의 도움이 필요할 뿐이라고 말했다. 이메일에는 그녀가 운영하는 회사의 웹사이트 주소가 함께 적혀 있었다. 그녀는 사진작가였다. 작가 소개 페이지에는 따스한 갈색 눈동자에 활짝 웃고 있는 여자의 사진이 올라와 있었다. 최근 그녀의 삶에 많은 변화가 있었다. 지난 한 해 동안 그녀는 결혼식을 올렸고 집을 장만했으며 다니던 은행을 그만두고 프리랜서 웨딩사진작가로 직업을 바꿨다.

테일러의 인생 전반에 걸쳐 여러 변화들이 일어나고 있었고 그로 인한 극심한 압박에 그녀는 괴로워하고 있었다. 나중에 알고 보니 집중과 관련된 도움은 그녀에게 필요한 해결책의 일부에 불과했다.

우리는 테일러가 정말로 원하는 것을 파악하는 일부터 시작했다. 그리고 곧바로 그녀는 몸에 집중하는 훈련을 잘 활용했다. 여러 번의 코칭을 진행하면서 테일러는 두려움에 대한 자신의 주된 반응을 스스로 살펴봤다.

"비관론자예요." 마지막 전화상담 이후의 용기 습관 훈련에 대해 그녀가 말했다.

"인정하기 싫지만, 제가 찾은 결론이에요. 일이 틀어질 때마다 저는 그냥 포기해요. 불가능한 일이라고 느껴져요. 집을 사면서 받은 부동산 점검 보고서에는 없었던 망가진 곳을 발견하자마자 전 수건을 던지고 애초에 집을 사지 말았어야 했다고 말하고 싶었어요. 아니면 인물사진을 찍고 싶다고 문의한 사람이 아무런 연락이 없으면 그냥 포기하고 TV나 봤으면 하죠."

비관론자 유형에 빠지면 테일러는 그 어떤 것도 문제를 해결할 수 없다고 확신했다. 그리고 어차피 일이 잘될 리가 없으므로 포기하고 다른 일을 하는 것이 낫다고 판단했다. 물론 이런 마음가짐이 문제를 더 어렵게 만들었다. '포기하고' 〈그레이 아나토미〉를 몰아 보면서 일시적인 보상을 즐길 때마다 몇 시간은 기분이 좋았지만, 이내 스트레스와 자신에 대한 실망감에 시달렸다. 일을 제대로 하지 않았기 때문이다.

테일러는 월급이 꼬박꼬박 나오는 직장을 그만두고 자신이 진정으로 좋아하는 일을 하는 큰 위험을 감수했다(나 역시 공감할 수 있는 위험이다!). 변화에 유연하게 대처하고 전문 사진작가라는 꿈을 위해 노력하려면 테일러는 매번 그녀를 방해하는 비관론자 행동이 언제 시작되는지를 파악해야 했다.

이를 위해 우리는 먼저 용기 습관 훈련의 첫 번째 단계부터 시작했다. 잠시 멈추고 몸에 집중하면서 테일러는 신호로 작용하는 두려움의 감각을 느끼기 시작했다. 예를 들어, 잠재고객과 전화통화를 할 때면 머릿속에 뿌연 안개가 끼면서 불안해지고 말실수를 하고는 했다. 주기적으로 몸에 집중하는 훈련을 통해 그녀는 그 순간 어떤 일이 벌어지는지 인지하게 되었다. 또한 고객과의 전화통화에 한층 침착하게 대응할 수 있었다.

테일러는 옳은 방향으로 거침없이 나아가고 있었지만, 여전히 장애물에 걸려 넘어지면 괴로워했다. 예전에는 크게 신경 쓰지 않았던 점이 보이기 시작했는데, 바로 항상 같은 자리에서 자신에게 회사를 운영할 자질이 없다고 말하는 고집스럽고 비판적인 내면의 목소리였다. “그 고객이 너를 고용하지 않은 건 당연한 일이야. 도대체 뭘 믿고 회사를 차린 거야? 넌 취미로 사진을 찍는 수준이지, 전문가가 아니야.” 이 비판적인 내면의 목소리를 없애기 위해 테일러는 몸에 집중하는 훈련을 계속했지만, 아무리 노력해도 목소리는 잠잠해지지 않았다.

비판적이고 부정적인 내면의 목소리에 발목 잡히는 것은 테일러만의 문제는 아니다. 우리 모두 내면에 비난을 퍼붓는 목소리를 가지고 있다. 조현병 또는 정신질환과는 다르다. 이 내면의 목소리는 마음 깊숙한 곳에서 원망, 평가, 우월감, 패배, 비하, 무시, 포기 등 다양한 비판을 쏟아낸다. 즉, 우리는 부족하다고 생각하거나 '남들보다 못하다'고 느낄 때 우리 자신에게 이런 말들을 한다. 대개의 경우 내면의 목소리는 부모 혹은 성장과정에서 만났던 사람들, 즉 성별이나 문화, 또는 두려움에 대한 반응과 관련해 고정관념을 형성한 지배적인 집단의 목소리와 비슷하다. 예를 들어, 완벽주의자의 비판적 목소리는 완벽함을 더 추구하라고 재촉하는 반면 비관론자의 비판적 목소리는 노력해봤자 소용없다고 말한다. 나는 이러한 내면의 목소리를 가리켜 '내면의 비평가' 또는 짧게 줄여서 '비평가'라고 부른다. 이러한 목소리가 하는 일을 객관적으로 나타내는 중립적인 표현이기 때문이다.

혹시 당신 안에는 이 비평가가 없다고 생각하는가? 그렇다면 다시 생각해보기를 바란다. 대부분의 경우 비평가의 존재를 부정한다는 것은 오히려 비평가가 삶에 미치는 힘이 더 크다는 의미이다. 사람들이 수치심을 겪는 경험을 연구하면서 브렌 브라운 박사는 이러한 감정을 부정할수록 더 큰 수치심을 느끼고 있다는 사실을 밝혀냈다. 나 역시 10년이 넘도록 수백 명의 고객과 수련회 및 워크숍 참석자들을 상담해오며 비평가를 부정하는 행동도 마찬가지라는 점을 발견했다. 우리 모두 비평가를 가지고 있다. 자신감이 넘치는 사람도 예외가 아니다. 비판적 목소리가 없다거나 이러한 목소리를 통제하고 있다고 주장하는 사람일수록 자신도 모르는 사이 이러한 목소리에 더 크게 휘둘릴 가능성이 높다.

이전 장에서는 용기 습관의 첫 번째 단계인 몸에 집중하기를 살펴봤다. 이제 당신은 두려움에 대한 반응을 유발하는 두려움의 감각을 파악할 수 있다. 두려움 또는 자기회의를 인지하는 순간 몸에 집중하는 훈련을 통해 속도를 늦춘 후에는 이제 용기 습관의 두 번째 단계인 '감정 없이 듣기'로 넘어갈 차례다. 이번 장에서는 내면의 비평가를 피하거나 맞서 싸우는 대신 보다 효과적으로 대응하는 방법을 익히게 된다. 비평가와의 관계를 새롭게 바꿈으로써 원대한 꿈을 좇거나 가장 용기 있는 자아를 발견하는 과정에서 당신을 위협하는 비평가의 능력을 마비시킬 수 있다.

대부분 처음에는 테일러와 비슷한 모습이다. 내면의 비평가와 거리를 두면서 목소리가 들리지 않을 때까지 분주한 삶의 소음 너머로 제쳐두는 것이다. 테일러는 몸에 집중하기 시작하면서 이러한 목소리의 존재를 깨닫게 되었고 무시하거나 저리 가라고 말하는 대신 이 목소리를 다스릴 새로운 방법이 필요하다고 생각했다. 내면의 비평가를 회피하거나 사라지라고 말하는 반응은 충분히 이해할 만하다. 비평가가 말하는 내용은 받아들이기 힘들고 스트레스를 유발하기 때문이다. 선구적인 페미니스트이자 심리학자인 카렌 호나이는 사람들이 관계에서 비롯되는 스트레스에 주로 세 가지 방법으로 반응한다는 이론을 세웠다. 거리를 두거나, 순순히 받아들이거나, 아니면 공격성을 보인다는 것이다.

우리 역시 내면의 비평가로부터 생존하기 위해 같은 전략을 사용한다. 나는 이를 가리켜 회피하기, 만족시키기, 그리고 공격하기라고 부른다. 회피하기는 주로 파괴자와 비관론자에게서 볼 수 있는데, 비평가를 상대하는 일을 아예 피하고 비평가의 말을 듣지 않으려고 애쓴다. 이를 위해 해야 할 일을 미루거나 꾸물거림을 합리화하기도 하고 일에 매달리거나 술 또는 다른 약에 의존하는 등 주의를 분산시킨다. 주기적인 용기 습관 훈련 등 도움 되는 도구를 사용하지 않는 것처럼 노력을 거부하기도 한다.

반면 만족시키기는 완벽주의자와 순교자가 흔히 보이는 행동이다. '제대로 하기' 위해서 더 노력하는데, 그 기준이 정확하지 않지만 어쨌든 비평가가 할 말이 없도록 최선을 다한다. 예를 들어, 완벽주의자의 비평가가 더 잘해야 한다고 말한다면, 노력을 두 배로 늘리는 것이다. 자신의 능력이 향상되면 비평가가 만족할 것이라는 논리다. 여기서 문제는 무엇일까? 비평가를 만족시키는 것은 불가능하다. 순교자는 평화를 유지하면서 자신의 노력을 인정받고자 한다. 완벽주의자와 마찬가지로 비평가에게서 벗어나기 위해 시키는 대로 하지만, 결국 결과는 같다.

공격하기란 언쟁을 벌이거나 난폭한 반응을 보이는 것을 말한다. 예를 들면, 이런 말로 반박하는 것이다. "네가 뭘 안다고 그래?" "입 닥쳐." "저리 꺼져." 인터넷에 돌아다니는 '오늘이 바로 두려움을 박

살내는 날'이라는 문구도 여기에 속한다. 거의 모든 사람들이 내적 폭력을 더는 참을 수 없다고 느끼면 적어도 어느 정도는 비평가를 공격한다. 맞서 싸움으로써 일시적으로 힘이 세지고 상황을 통제하고 있다는 느낌이 들 수 있다. 그러나 이는 궁극적으로 기운 빠지고 의미 없는 헛수고이다. 아무리 비평가에게 저리 꺼지라고 말해봤자 영원히 사라지지는 않으니까 말이다. 지금까지와 마찬가지로 효과가 잠깐 지속되는 방법 대신 공격을 가하거나 끝이 없는 싸움에서 탈피한 새로운 비평가와의 관계를 찾아야 한다.

먼저 그동안 비평가의 말에 어떻게 반응했는지를 살펴보자. 어떤 행동을 가장 자주 하는가? 회피, 만족, 그리고 공격 중에 어떤 행동을 하는 편인가? 회피하기, 만족시키기, 그리고 공격하기가 평생 활용할 수 있는 지속 가능하고 효과적인 전략이라고 느꼈던 구체적인 예가 있는가? 몸에 집중하는 용기 습관의 첫 번째 단계를 통해 잠시 멈추고 호흡하며 솔직하게 대답해보자.

앞으로 남은 인생 동안 비평가의 목소리에 반박하는 것이 생각만 해도 지치고 싫다면, 당신을 위한 좋은 소식이 있다. 감정 없이 비평가의 말에 귀 기울이는 방법이 게임 체인저가 될 수 있다. 비평가가 무섭다는 생각에 휩싸일 때는 잠시 멈추고 감정 없이 내면의 목소리를 들어보자. 이렇게 하면 비평가가 전달하고자 하는 말의 의미를 집중해서 들을 수 있다. 겁이 덜컥 나는 내면의 목소리를 정면으로 마주하는 것이다.

“감정 없이 듣는다는 것은 굉장히 의식적인 과정이에요.” 나는 몸에 집중하는 훈련에 이제 두 번째 단계를 더하는 방법을 알려주면서 테일러에게 말했다.

“비평가가 실제로 하는 말에 귀를 기울이는 거예요. 당연히 불편할 거예요. 하지만 그냥 듣는 게 아니에요. 감정 없이 들어야 해요. 비평가의 말에 감정적으로 반응하지 않겠다는 의식적인 선택을 하는 거죠. 비교하자면 길에서 술 취한 사람을 만났는데 그 사람이 내가 나쁜 사람이라고 우기는 것처럼 말이에요. 그 사람이 하는 말을 듣기는 하지만, 그 말에 중요성을 부여하지 않기로 스스로 결정하는 거예요.”

테일러는 오랫동안 비평가의 말을 귀담아 듣지 않으려고 노력했다. 그러나 별다른 효과가 없었다. 습관처럼 자리 잡은 두려움의 패턴을 바꾸려면 비평가를 회피하기, 만족시키기, 또는 공격하기를 멈추고 귀를 기울이되 의식적으로 비평가의 말을 중요하지 않다고 여겨야 한다.

비평가는 누구인가?

비평가를 알아내려면 선뜻 내키지 않아 최대한 미루게 되는 일을 해야 한다. 바로 비평가가 하는 말에 귀를 기울이는 것이다. 비판적 목소리가 어떻게 작용하는지를 파악하는 준비 작업이다. 이번 훈련은 답변을 글로 적어보는 것이 가장 좋다. 주로 고객과 일할 때는 이 훈련을 같이하는 편이다. 혼자 질문에 답해도 좋고 배우자나 코치, 심리학자, 또는 친구와 함께 해도 좋다.

답을 적을 때는 비평가의 말과 그것이 어떻게 들리는지를 정확하게 쓰는 것이 중요하다. 예를 들어 '실패할까 봐 두렵다'가 아니라 실패에 대한 두려움을 느낄 때 비평가가 하는 말과 그 목소리가 머릿속에서 어떻게 들리는지를 적어야 한다.

"네가 대단하다고 생각해?"

"절대 완료하지 못할 거야."

"누군가 이미 한 일이야, 그것도 너보다 훨씬 더 잘."

나중에 소개될 훈련을 할 때 비평가의 말이 미치는 영향력을 줄이려면 한 글자도 빠짐없이 정확하게 적는 것이 핵심이다.

비평가는 언제 어떤 모습으로 나타나는가? 가장 많이 하는 말은 무엇인가? 변화가 어려운 이유를 설명하기도 하고 부족한 점을 지적하기도 한다. '게으르다' 혹은 '바보 같다'라고 말하며 성격을 트집 잡기도 한다. '실패하면 절대 회복할 수 없을 거야'라고 꾸짖으면서 최악의 상황을 상상하게 만들거나 예전의 실수를 들추기도 한다. 타이머를 5분에 맞춘 다음 떠오르는 모든 것을 적어보자. 마음속에 있는 모든 생각을 꺼내는 작업이라고 보면 된다.

이제 비평가와의 관계를 솔직하게 살펴보자. 내면의 비평가를 어떻게 생각하는가? 당신에게 이런 모습이 있다는 것이 어떻게 느껴지는가? 예컨대 나름 노력했는데도 불구하고 비평가가 원망스럽지는 않은가? 질린다는 생각이 드는가? 지겹지는 않은가? 무엇이 당신의 진심인가?

다음으로 1장에서 선택한 주안점과 당신의 가장 용기 있는 자아에 어울리는 삶을 떠올려보자. 아마도 굉장히 큰 꿈이나 변화를 향한 욕망이 생각날 것이다. 어려운 인간관계의 개선이나 더 재미있는 삶을 그렸을 수도 있고 세계일주와 같은 구체적인 목표를 떠올렸을 수도 있다. 이러한 변화를 추구하거나 꿈을 이룰 수 있는 당신의 능력을 비평가는 어떻게 평가하는가? 당신의 한계나 무능함에 대해서 어떤 말을 하는가? '돈이 부족하다' 혹은 '시간이 모자란다'보다 좀 더 구체적인 답을 적어보자.

떠오른 생각을 모두 적었다면 이제 마지막 부분으로 넘어갈 차례다. 용기 습관의 첫 번째 단계인 몸에 집중하기 훈련으로 돌아가는 것이다. 자신에게 가장 잘 맞는 방법을 활용하면 된다. 춤을 추거나 울어도 좋고, 천천히 호흡하거나 산책해도 좋다. 온전히 몸에 집중할 수 있다면 방법은 상관없다. 진지하게 훈련에 임하다 보면 무시무시한 내면의 목소리를 마주하는 일이 두렵고 어려울 것이다. 이 단계를 무사히 통과해 그동안 삶의 장애물이었던 두려움의 건너편까지 무사히 도착할 수 있도록 자신을 따뜻하게 보듬어야 한다. 몸에 집중하는 훈련은 자신도 모르는 사이 두려움의 습관으로 되돌아가지 않도록 도와주는 도구라고 할 수 있다.

당신 앞에 놓인 종이 위에 우리가 비평가를 외면하고 꺼리는 이유가 적혀 있다. 비평가의 목소리는 지저분하고 인색하다. 그래서 이러한 생각과 감정을 한꺼번에 감당하기 굉장히 힘들다. 눈앞에 있는 것이 종이에 적힌 글에 불과하다는 사실을 잊지 말자. 당신 혹은 당신의 인생에서 '의미'를 가질 필요는 없다. 비평가의 말을 받아 적고 회피하거나 만족시키거나 혹은 공격하는 대신 몸에 집중함으로써 신호-행동-보상의 과정과 두려움에서 유발되는 오래된 습관을 바꿀 수 있다. 의식적으로 귀 기울이되 비평가에게 너무 큰 힘을 부여하거나 시키는 대로 하지 않아야 한다. 이는 비평가가 우리에게 미치는 영향력을 바꾸는 데 있어 매우 중요하다. 이제, 당신은 비평가의 그늘에서 꼼짝 못 하는 스스로를 해방할 준비를 모두 마쳤다.

비평가의 목소리에서 벗어나라

내면의 비평가가 하는 말에 귀 기울이고 그대로 받아 적으면서 테일러는 아예 무시하고 싶다는 생각이 왜 그렇게 간절했는지 이해하게 되었다. 그녀의 비평가는 그녀를 비하하고 비아냥거렸다. 하지만 이게 다가 아니었다. 때로는 완전히 모습을 바꾸기도 했다. 항상 그녀에게 더 많은 것을 기대했으며 전혀 예상하지 못할 때 갑자기 태도를 뒤집었다. 테일러의 비평가는 숙련된 전문가처럼 논쟁의 양쪽 주장을 훌륭하게 펼쳤다. 그녀가 사진 사업을 홍보하기 위해 열심히 노력하면 그녀 안의 비평가는 더 열심히 노력해야 한다고 부추겼다. 최선을 다해 더 노력하고 모든 것을 쏟아 붓느라 스트레스와 압박감에 시달리고 몸이 아플 때도 있었다. 그러자 비평가는 말을 바꿔 테일러가 너무 열심히 했기 때문에 삶의 균형이 무너졌고, 나빠진 건강상태가 곧 앞으로 사업을 절대 계속할 수 없다는 것을 보여주는 증거라고 말했다.

테일러는 또한 비평가의 철저하게 악랄한 모습도 발견했다. 비평가의 말에 귀를 더 기울일수록 견디기 힘들었다. 고객과 전화할 때 비평가가 역겹다는 듯이 깔보는 목소리로 이렇게 말하면 어쩔 줄 몰라 하며 잔뜩 긴장했다. '전화기에 대고 바보 같은 말만 늘어놓는데 어떤 고객이 너와 일하고 싶어 하겠어?' 비평가가 논리적인 이유를 대며 그녀를 깔아뭉개면 더욱 혼란스러웠다. 테일러가 다른 전문 사진작가와 교류하려고 하자 그녀 안의 비평가는 무심히 하지만 차분하게 이렇게 지적했다. '그 사람들의 웹사이트가 훨씬 멋지기 때문에 늘 더 많은 고객이 몰릴 거야. 솔직해져 봐. 그들과는 수준 차이가 너무 심하게 나잖아. 큰 기대는 하지 않는 편이 좋아.'

비평가의 목소리가 미치는 엄청난 힘에서 벗어나려고 할 때면 이랬다저랬다 하는 변덕에 휩쓸리고 만다. 그리고 더욱 큰 혼란에 빠진다. 논리적이지만 악의적인 비평가와 옳고 그름을 판단하는 우리의 상식 사이에는 어떤 차이점이 있을까? 무엇보다 수화기 너머로 자신이 '바보 같이 들린다'면 고객들이 그녀를 찾지 않는 것이 사실이지 않을까라고 생각했다. 더 멋진 웹사이트에 고객들이 몰리는 것 역시 사실이 아닐까? 만약 비평가가 요란하고 공격적인 태도로 이러한 점을 지적하지 않았다면 그녀가 안주하지는 않았을까? 이 목소리가 없었더라도 바뀌겠다는 의욕이 넘쳤을까?

테일러의 혼란스러운 마음을 십분 이해할 수 있었다. 나 역시 완벽주의자의 모습에서 탈피하려는 노력을 처음 시작했을 때 내가 가지고 있던 우수함의 기준과 비평가가 요구하는 엄격한 기준이 어떻게 다른지 쉽게 이해하지 못했다. 건전한 방법으로 나 자신을 밀어붙이는 것과 끊임없이 완벽함을 추구하는 것의 차이점을 어떻게 알 수 있단 말인가?

나 자신과 비평가를 구분하려면 두 가지에 주목해야 한다. 첫째로 비평가의 목소리는 두려움의 습관을 반영한다. 예를 들면, 완벽주의자의 모습을 한 비평가는 오로지 결과만 중요하게 생각한다. 그러나 절대 만족하지 않는다. 반면 목표를 위한 건전한 노력은 시간을 들여 찬찬히 생각하고 과정 내내 성실하게 임하는 것을 뜻한다. 순교자는 다른 사람의 만족한 표정이 곧 자신의 꿈을 한 번 더 희생하는 것이 충분히 가치 있는 일이었음을 보여준다고 생각한다. 하지만 상호 의존적인 사람은 남들만큼이나 자신에게도 아낌없이 베풀고 나눈다. 비관론자는 사소한 실망을 한 번 겪은 후부터 모든 일이 잘 풀리지 않을 것이며 그 이유를 빠짐없이 알고 있다고 진지하게 믿는다. 그렇지만 실망을 올바른 맥락 안에서 고려하는 사람은 감정을 핑계 삼아 모든 것이 불가능하다고 말하는 대신 있는 그대로 받아들인다. 파괴자는 또다시 약속을 저버리면 현실을 외면하지만, 자의식이 있는 사람은 습관처럼 다른 일로 넘어가는 것이 장기적으로 도움이 되지 않는다는 사실을 인정하고 받아들인다.

둘째로 '이게 도움이 될까?'라고 질문했을 때 어떤 답이 되돌아오는지에 주목해야 한다. 내면의 목소리가 사실은 조금도 도움이 되지 않는 정보와 통찰력을 제공하는 것은 아닐까? 이 내면의 목소리를 들으면 어떤 기분이 드는가? 목소리가 하는 말에 대해서 생각하면 에너지가 샘솟는가? 목소리가 알려준 정보가 어려움을 극복하는 데 도움이 되는가? 만일 그렇지 않다면, 그것은 비평가의 목소리일 가능성이 높다.

종종 사람들은 내게 비평가와 진정한 자신의 모습을 구분하기 어렵다고 털어놓는다. 너무 오랫동안 비평가의 목소리를 들어왔기 때문에 직관과 진짜 자기로부터 단절되었다는 생각이 든다는 것이다. 그래서 내면의 목소리를 벗어나는 것이 두렵고 힘들며 포기해버리고 싶은 충동이 든다. 이러한 과정에서 흔히 볼 수 있는 지극히 정상적인 반응이다.

과정 자체를 믿고 더 깊이 들어가자. 한 번의 훈련으로 비평가의 목소리에서 벗어날 수 없더라도 괜찮다. '융합'이라고 부르는 과정이 시작되면 비평가와 진짜 내 모습을 구분하는 것이 정말로 어렵다. 수용전념치료acceptance and commitment therapy(ACT)에서 쓰는 개념인 융합은 우리의 생각이 곧 우리 자신이라고 믿고 또 그에 따라 행동할 때 나타나는 결과물을 가리킨다. 심리학자 스티븐 헤이스의 말처럼 '융합은 곧 우리 생각에 집중하고 나아가 행동을 지배하도록 허용하는 것이다.'(2009) 불가능하다거나 할 수 없다거나 또는 하지 말아야 한다고 비평가가 말하는 순간 우리는 목소리를 믿고 그에 따라 행동한다. 즉 비평가와 융합되는 것이다.

대부분의 사람들이 비평가와 융합되며 비평가가 무슨 말을 하는지 자문하기 전까지 이 상태가 계속된다. 용기 습관의 두 번째 단계인 감정 없이 듣는 훈련에 임할수록 진짜 나와 비평가가 요구하는 기대치를 더욱 수월하게 구분할 수 있다. 나는 고객에게 이런 말을 자주 하는데, '덩치가 너무 커서' 분해하기 어렵더라도 스스로를 따뜻하게 다독여야 한다.

습관이 자리 잡기까지 많은 시간이 걸린 것처럼 이를 없애는 데도 상당한 시간이 필요하다는 점을 기억하자. 용기 습관 훈련의 첫 번째 단계인 몸에 집중하는 연습을 게을리 하지 않아야 한다. 앞으로 나아갈 수 없다는 생각이 들 때마다 잠시 멈추고 펑펑 울거나 허공에 주먹을 휘둘러보자. 또는 기운이 샘솟도록 열정적으로 춤추거나 속도를 늦추고 심호흡을 해도 좋다.

자신과 비평가를 어떻게 구분해야 할지 모르겠다던 테일러는 내가 그녀의 두려움의 습관에 대해 묻자 자연스럽게 해답을 구했다. "사람들은 대개 휴식을 취하고 난 뒤에 어떤 식으로든 활기를 되찾죠. 두려움 때문에 비관론자로 변해서 목표 달성을 위한 노력을 그만둔다면, 과연 그 사람은 자랄 수 있을까요?" 내가 물었다.

“자란다고요? 아니요, 그럴 것 같진 않아요. 그보다는 자포자기하는 심정이 되겠죠.” 테일러가 대답했다. 진짜 그녀와 비평가의 말을 구분하기 위해 테일러는 두려움을 느끼면 습관처럼 튀어나오는 비관론자 유형에 대해 알고 있는 점들을 찬찬히 들여다봤다. 그녀는 힘들면 바로 포기하고는 했다. 그렇지만 포기를 하게 되면 지친 심신을 달래는 휴식을 취한 후 피로가 풀리고 더욱 용기 있는 자아로서 살아갈 의욕이 넘치는 기분을 결코 느낄 수 없었다. 나는 또 테일러에게 휴식을 취하는 동안 내면의 감정을 보다 정확하게 읽기 위해 몸에 집중하라고 격려했다. 테일러는 일하면서 비관론자처럼 행동할 때마다 잠시 쉬는 시간을 가졌는데, 오히려 ‘포기’하고 싶은 생각이 들었다. 이런 상황에서는 아무리 휴식을 취해도 에너지를 충전할 수 없었다.

2장에서 정의한 두려움이 유발하는 행동 유형들을 살펴보자. 순교자, 비관론자, 완벽주의자, 그리고 파괴자가 있다. 각 행동 유형을 설명하면서 이러한 경험을 하는 동안 우리가 스스로에게 되뇌는 말들을 예로 들었다. 바로 이러한 말들이 비평가의 목소리라고 볼 수 있다. 비평가의 말과 그로 인한 행동 유형 사이의 연결고리가 보이기 시작하는가? 잠시 멈추고 특히 중요한 내용을 일기 또는 종이에 적어보자.

나의 가장 좋은 친구

지금까지 우리는 비평가의 존재와 우리 내면의 비평가가 언제 어떻게 모습을 드러내는지에 대해 이야기했다. 그러나 아직 내가 가장 오랫동안 고민한 질문은 살펴보지 않았다. 비평가는 왜 두려움이 습관을 유발하는 과정에 깊이 관여하게 된 것일까? 어째서 저리 가라고 말하거나 관심을 주지 않는 것처럼 간단한 방법으로 비평가를 멈출 수는 없을까? 논리적으로 보면 쉬울 것 같은데, 현실은 그렇게 만만하지 않다.

이러한 질문의 답을 찾으려면 먼저 기저핵과 신호-행동-보상에 대해 이미 알고 있는 내용을 다시 살펴봐야 한다. 신호-행동-보상에서 두려움이라는 신호가 느껴지면 기저핵은 갈등 해소라는 '보상'을 가장 빨리 얻을 수 있는 행동을 유발한다. 테일러를 질책하는 비평가의 목소리는 제 기능을 하지 못했고 스트레스를 가져왔다. 하지만 테일러의 입장에서 본다면 비평가의 목소리보다 큰 꿈을 위해 실제로 행동을 취하는 것이 훨씬 더 스트레스였다. 그녀의 꿈은 새롭고 불확실하며 감정적으로 더 큰 위험 요소였기 때문에 상대적으로 큰 일처럼 느껴졌던 것이다. 테일러가 뒤로 물러나며 포기할 때마다 갈등 해소라는 일시적인 '보상'이 주어졌다. 이 같은 순환을 끊기 위해 그녀는 잠시 멈추고 몸에 집중하는 훈련을 지속적으로 해야 했다. 또한 비관론자 유형에 속하는 행동을 할 수도 있다는 점을 인지하고 의식적으로 비평가의 말에 귀 기울여야 했다. 용기 습관의 각 단계를 꾸준히 그리고 동시에 연습하는 것이 중요했다.

당신은 아마도 테일러와 다른 방법으로 두려움에 대처할 것이다. 하지만 그 과정은 똑같다. 예를 들어, 나는 두려움을 느끼면 완벽주의자 행동이 발동되면서 과로하기 일쑤였다. 완벽주의자인 비평가로부터 꾸지람을 듣는 것이 스트레스였지만 비평가가 시키는 대로 하는 편이 익숙했다. 왜냐하면 예전부터 그래왔기 때문이었다. 두려움이 유발하는 행동은 습관으로 자리 잡는다. 그래서 처음에는 완전히 새로운 것보다 더욱 편하게 느껴지기 마련이다.

그런데 비평가는 엄청난 '비밀'을 숨기고 있다. 다름 아니라 비평가는 두려움이 행동을 유발하는 과정의 일부이며 우리가 원한다고 해서 쉽게 사라지지 않는다는 것이다. 우리에게 비난을 쏟아 붓는 것이 곧 우리를 보호하는 길이라고 생각한다.

비웃음, 변덕, 악의 섞인 논리, 호통, 질책, 위협 뒤에 겁을 먹은 비평가가 숨어 있다. 변화를 무서워하며 지금까지와는 다른 방식의 일처리를 무서워한다. 새로운 삶을 살거나 거절 또는 실패를 겪는 것을 무서워한다. 비평가가 당신 뒤를 바짝 좇는다는 생각은 오해다. 상처 받은 비평가는 나중에 또 상처받지 않도록 우리를 보호한다. 두려움으로부터 상처받은 비평가는 우리가 오래되고 익숙한 행동을 계속한다면 다치지 않을 것이라면서 비난을 쏟아내는 것이다.

비평가의 의사소통 능력

아직도 생생한데 나를 코칭해준 매튜 마젤은 비평가에 대한 그의 생각을 이렇게 표현했다. "의사소통 능력이 형편없는 우리의 가장 좋은 친구예요." 그의 말이 끝나자마자 나는 큰 충격을 받았다. 비평가가 내 '친구'라니 절대 안 될 일이었다. 새로운 것을 시도할 때마다 끊임없이 나를 깎아내리던 그 목소리가 내 친구라고? 항상 문제를 지적하는 그 목소리가? 농담하는 건가?

"나는 비평가가 어떤 희생을 치르더라도 살아남고자 하는 우리의 일부라고 생각해요." 매튜가 설명했다.

"물론 정신이 혼미해질 정도로 시끄럽지만, 놀랍게도 불안하고 무서워서 벌벌 떨고 있죠. 꿈을 좇는 것을 끔찍한 위협이라고 여기는데, 거절당하고 또 실패했다는 느낌을 받을 거라고 생각해요. 그래서 비평가는 할 수 있는 모든 방법을 총동원해서 이런 경험을 피하려고 애써요. 그것이 폭력적인 언어를 통해 당신이 위험한 일을 하지 않도록 막는 것이라고 해도 말이죠. 당신을 안전하게 보호하려고 하지만 의사소통 능력이 아주 형편없어요. 나는 비평가를 무시하거나 공격하는 대신 적절한 선을 긋기로 결심했어요."

말은 마친 매튜는 무시하거나 달래고 또 함께 싸우는 전략이 비평가를 완전히 없애는 데 효과가 있었냐고 물었다. 그의 질문을 곰곰이 생각한 나는 그렇지 않다는 결론을 내렸다. 내 안의 비평가는 늘 제자리로 돌아왔으므로 무시하고, 달래고, 또 공격하는 방법으로는 끝이 보이지 않았다(게다가 진이 빠졌다). 매튜의 도움을 받아 나는 처음으로 비평가의 구체적인 말에 귀 기울이기 시작했다. 그리고 비평가의 말 뒤에 숨어 있는 두려움을 읽으려고 노력했다.

예컨대 내 마음속 비평가는 종종 내 글이 쓰레기나 다름없으며 절대 출판되지 않을 것이라고 말했다. 하지만 이는 실패에 대한 두려움에서 비롯된 목소리였다. 비평가의 말을 듣고 나는 실패의 가능성을 생각하지 않기 위해 글 쓰는 일을 피했다. 아니면 나 자신을 끈질기게 밀어붙였다. 기진맥진해질 만큼 노력하면 내가 원하는 결과를 얻을 수 있다고 믿었기 때문이었다. 고통 없이는 얻는 게 없다고 하지 않았던가? 비평가는 또 내가 이기적이며 남들을 위하는 마음이 부족하다고 지적했다. 이런 말은 타인에게 베풀고 봉사하는 모습을 통해 내가 괜찮은 사람이라는 것을 보여주지 않는다면 호감을 얻지 못할지도 모른다는 내 두려움을 자극했다. 비평가는 평가와 혐오를 활용해 사람들에게 호감을 얻지 못하는 것을 두려워하게 만들었다. 그런 다음 타인을 위한 선행을 하도록 부추기며 나를 몰아세웠다. 남들이 나를 좋아했으면 좋겠다는 마음 자체가 나쁜 것은 아니다. 하지만 거절을 두려워하는 비평가가 휘두르는 대로 살려니 너무 피곤했다. 용기를 실천하는 삶을 살고자 하는 내 욕망이 아닌 비평가의 두려움이 내 인생을 주도하고 있었다.

수년간 나는 내 안에 있는 비평가의 말을 들어왔다. 또 고객과 워크숍 참석자의 비평가가 하는 말에도 귀를 기울였다. 내면의 목소리는 속으로는 두렵고 자신감도 없었지만 겉으로는 맹수처럼 사나운 말들을 쏟아냈다. 테일러 역시 비슷한 일을 겪고 있었다. 그녀의 비평가는 거절로부터 그녀를 보호하려고 물심양면 노력했다. 그리고 이를 위해 끔찍한 의사소통 능력을 활용했다. 질책을 통해 그녀의 행동을 방해하면 실패를 겪을 위험도 줄어들었다. 현실 그리고 상상 속 실패를 모두 사전에 막을 수 있었다. 비평가는 그녀가 고통을 겪지 않도록 나름 최선을 다하고 있었다. 단지 그 방법에 문제가 있었다.

직접 한번 해보자. '비평가는 누구인가' 연습에서 적었던 답을 다시 살펴보자. 구체적인 내용들 중에서 이번에는 비평가가 괴롭힘, 위협, 비난, 수치심 등을 이용해 목표 달성을 위한 당신의 행동을 방해했던 일들을 찾아보자. 위험을 감수하지 않도록 하려는 비평가의 진짜 의도는 무엇일까? 비평가가 당신이 부족하다고 말하는가? 다른 사람들이 당신의 아이디어를 멍청하다고 생각할 것이라고 말하는가? 이미 누군가가 했을 뿐더러 당신보다 더 멋지게 해냈으므로 아무런 의미가 없다고 말하는가? 그렇다면 비평가가 이러한 말을 왜 하는지 자문해보자. 또 이런 말을 하는 비평가가 '의사소통 능력이 형편없는 가장 좋은 친구'라고 할 수 있는지 생각해보자.

원대한 꿈을 좇다 보면 위험을 감수해야 할 때도 있다. 비평가의 말을 그대로 믿고 진짜 원하는 꿈을 접는다면 이러한 위험을 피할 수 있다. 비평가의 입장에서 이를 통해 잠시나마 당신의 안전을 보장할 수 있다면 충분히 가치 있는 일이다. 이제 비평가가 하는 말을 계속해서 믿는 것과 변화를 추구하는 것 중에서 어느 것이 더 중요한지 선택할 차례다.

변화는 비평가와 새로운 관계를 맺는 것에부터 시작한다. 비평가는 당신의 적도, 조언을 구해야 하는 상대도 아니다. 대신 안전하게 지내는 것이 유일한 목표인 자신감 없고 두려움에 끌려 다니는 우리 자신의 일부이다.

"나는 비평가를 상대로 회피하기, 만족시키기, 그리고 공격하기 등의 행동을 하지 않도록 하기 위해 비평가가 어린아이라고 생각하려고 해요." 나는 테일러에게 설명했다.

"비평가는 스트레스를 잘 조절하지 못하고 생각도 짧고 즉각적인 만족을 선호하죠. 어린아이가 떼를 쓸 때 아이를 피하기 위해 방 안에 가두는 것이 과연 효과적인 방법일까요? 아니면 아이에게 원하는 것을 주고 만족시킨다면 아이를 진정시킬 수 있겠죠. 하지만 아이는 더 많은 것을 달라고 조를 거예요. 물론 가장 최악의 선택은 공격하는 것이죠. 칭얼거리는 어린아이를 공격하거나 아이와 내가 서로를 향해 소리 지른다면 상황은 더욱 악화되겠죠. 내가 공격하는 쪽이 되거든요."

"남편과 내가 싸울 때랑 비슷하네요." 테일러가 말했다. "있는 힘껏 문을 닫고 서로를 피한다고 문제가 해결되지는 않더라고요. 진심은 그렇지 않더라도 싸움을 끝내기 위해 미안하다고 말하는 것도 별 도움이 되지 않아요. 남편이 이런 식으로 행동하는 건 저도 싫거든요. 최악은 나중에 후회할 말을 내뱉는 거예요."

나는 테일러가 비평가와의 관계를 다른 사람과의 관계에 빗대어 이해한다는 사실이 매우 기뻤다. 특히 우리 사회는 두려움을 감당하기 위해 '박살낸다'라고 생각하기 때문에 더더욱 그러했다. 비평가를 없애야 할 존재로 바라보는 대신 그녀는 남편과의 문제를 해결하는 것처럼 비평가와의 관계를 개선하기 위해 마찬가지로 노력해야 한다는 생각을 받아들이고 있었다.

개인적인 경험을 바탕으로 나는 더욱 놀라운 것이 가능하다고 확신한다. 동정심을 베푸는 동시에 적절한 경계를 세운다면 분노와 두려움으로 얼룩진 비평가의 상처를 치유할 수 있다. 동정심과 경계를 함께 활용해야 비평가와의 관계를 근본적으로 바꿀 수 있다.

비평가의 암호를 해독하라

내면의 비평가를 어린아이처럼 생각하게 되자 테일러는 회피하기, 만족시키기, 그리고 공격하기의 전략을 사용하지 않게 되었다. 두려움이 일으키는 습관적인 행동의 고리를 끊어나갔다. "서로 다른 조각을 모아서 하나로 연결하고 있는 것 같은 기분이 들어요." 테일러가 말했다.

"더 필요한 부분을 정확하게 파악할 수 있어요. 특히 비관론자 유형의 행동이 나타나려고 할 때 그렇죠. 몸에 집중하고 있기 때문이겠죠. 비평가가 하는 말을 듣는 건 여전히 기분이 이상하지만, 그럭

저력 괜찮아요. 의욕이 넘치거든요. 그런데 한 가지 풀리지 않는 의문이 있어요. 비평가가 진짜 무서워하고 있다면…… 무엇을 무서워하는 거죠? 그러니까 제 말은, 자라면서 학대당한 것도 아닌데 말이에요. 엄청난 트라우마를 극복한 경험도 없어요. 솔직히 말하자면 다른 사람들이 겪는 일들을 떠올리면 마음이 안 좋을 때가 있어요. 그들의 경험에 비교하면 내 인생은 축복받았어요. 전 정말 운이 좋고 감사할 것도 정말 많은데, 왜 이렇게 갇혀 있는 거죠?"

나 역시 수없이 생각해본 질문이었다. 친구들과 이와 관련한 이야기를 하다가 존재 자체의 불안까지 언급된 적이 한두 번이 아니다. 인간으로서 우리는 본질적으로 연약한 존재일까? 이것이 인간의 조건일까? 아니면 사회적 단절로 인해 공동체 문화가 무너져내린 결과일까? 아니면 생화학적인 문제일까? 왜 자아의 일부는 근본적으로 불안정할까? 적절한 답은 딱 하나였다. 인생은 근본적으로 불안정하고 우리는 통제할 수 없는 세상에서 살고 있기 때문에 비평가 역시 근본적인 두려움을 느꼈던 것이다.

나는 테일러에게 이렇게 설명했다. "비평가가 어떻게든 인생을 더 잘 통제해야 한다는 환상이나 신념에 집착하고 있기 때문이라 생각해요. 노력을 기울이거나 실수를 아예 하지 않음으로써 인생을 통제할 수 있어요. 계획을 끊임없이 만들 수도 있죠. 더 날씬하거나 예쁘거나 똑똑하거나 또는 부유해지는 것도 인생을 통제하는 방법이에요."

"그래서 변덕을 부리는 거군요!" 조각들을 맞춘 테일러가 말했다. "비평가의 말이 바뀌는 이유가 바로 통제 때문이네요. 일하고 있으면 더 열심히 일했어야 했다고 말해요. 몸이 아플 정도로 지나치게 열심히 일하면 잠시 멈추고 휴식을 취했어야 했다고 말하고요. 어떻게든 항상 삶을 통제하고 있어야 한다는 생각이 문제였어요."

"바로 그거예요." 내가 말했다. "그러니까, 비평가가 마주하기 싫어하는 일이 일어나는 거죠. 삶은 그 자체로도 완벽하지 않고 착한 사람들에게 나쁜 일이 일어나기도 해요. 그 누구도 SNS에서 보이는 것처럼 행복한 삶을 살고 있지 않아요. 투쟁 없이 꿈꾸는 인생을 쟁취하는 사람은 없어요. 그 누구도 인생을 원하는 대로 통제할 수 없어요! 비평가는 이 통제의 부재를 끔찍이도 싫어하기 때문에 안전을 보장받으려고 애쓰고 매달리죠. 안전을 지키기 위해 비평가는 뭐든 해요. 노력해봤자 소용없다고 말한 다음 충분히 노력하지 않았다며 호통을 치거든요. 겁에 질려 있기 때문에 비논리적이에요."

테일러는 개념을 무리 없이 잘 이해했다. 하지만 원치 않는 일이 벌어질 수 있다는 생각이 들었다. 앞으로 비평가의 분노와 혐오를 받아들이는 것 외에는 방법이 없다는 것인가? 나는 감정 없이 듣는다는 것이 곧 비평가의 목소리에 특별한 권한을 부여하지 않은 채 귀를 기울이는 것이라고 다시 한번 설명했다. 들리는 것을 그대로 믿거나 비평가가 시키는 대로 할 필요는 없다고 덧붙였다. "하지만 도움 되는 조각이 있긴 해요." 나는 말을 이었다. "비평가가 무슨 말을 하는지 파악한 후에 경계를 긋는 거예요."

경계라니, 그것도 비평가와? 당신은 이것이 불가능한 이야기라고 생각할지 모른다. 화를 잘 내고, 비열하고 까다로운 비판적 목소리를 바꿀 수 있는 과정이 있다고 말하면 고객들 역시 대개 의심의 눈길을 보낸다. 그러나 훈련의 목표는 '두려움을 없애는 것'이 아니다. 또한 두려움을 상대로 회피하고, 만족시키고, 또 공격하는 것은 효과가 없다. 그러므로 비평가의 목소리를 무시하는 여러 가지 방법이나 저리 가라고 말하는 것과는 사뭇 다른 전략을 소개하고자 한다. 비평가와의 관계를 바꾸는 방법이다. 비평가가 하는 말을 흔들리지 않고 듣는 요령을 배운 후에는 현실적이고 간단명료한 경계를 세울 차례다.

"다시 말해주세요"

이제 지금까지 내가 본 것 중에 가장 효과적으로 비판적 목소리를 다루는 방법에 다다랐다. 내 코치였던 매튜가 가르쳐준 것으로, 나는 이를 일대일 상담과 워크숍, 대규모 라이브 온라인 행사 및 온라인 수업 등을 통해 수백 명의 사람들에게 전수하고 있다. 그것은 바로 '다시 말해주세요'라고 부르는 방법이다.

비평가와의 '다시 말해주세요' 전략을 이해하는 가장 쉬운 방법은 바로 다른 사람과 이 방법을 어떻게 사용하는지 생각해보는 것이다. 남편과 나 역시 이 방법을 적극적으로 활용하고 있다! 두 사람이 있을 때 '다시 말해주세요'는 이렇게 연습할 수 있다. 당신 혹은 배우자 중 한 명이 상대방을 존중하지 않는 날카롭고 차가운 말을 했을 때 '다시 말해주세요'라고 말한다.

예를 들어, 남편이 내가 저녁을 하는데 필요한 재료를 깜빡하고 사오지 않았다고 해보자. 집으로 돌아온 그에게 나는 짜증을 낸다. 그러고는 생각 없이 이런 말을 내뱉는다. "정말? 또 까먹었다는 거야? 당신, 정말 지겨워 죽겠어."

그럼 남편은 이렇게 말한다(대개 크게 심호흡을 하고 몸에 집중한 다음). "저기, 다시 말해줘." 내가 한 말이 무례했으며 고쳐 말해달라는 남편의 신호이다.

그러면 나는 심호흡을 하고 몸에 집중하면서 내가 느끼는 감정을 파악한 후 이렇게 말한다. "알았어, 알았다고. 미안해. 필요한 재료가 없어서 당황스럽고 화도 나. 저녁을 만들려면 꼭 필요하거든. 가게에 가서 좀 사다 줄래?"

이 방법이 효과를 발휘하려면 '다시 말해주세요'라고 말할 때 목소리 톤이 중요하다. 아직 화가 났다는 것을 은연중에 드러내는 공격적인 말투보다는 사무적인 화법이 좋다. 내면의 비평가와도 같은 방식으로 '다시 말해주세요'를 연습할 수 있다. 비평가가 부정적인 말을 한다면 친절한 말투로 이렇게 말해보자. "다시 말해줘. 네 말을 들을 마음은 있는데, 나에 대한 존중을 담아서 고쳐 말해줘."

테일러는 이 방법을 연습하면서 처음에는 비평가와 이런 대화를 나눴다.

비평가: 네가 멍청이처럼 말하는데 어떤 고객이 너를 쓰겠어?

테일러: (심호흡을 하고 몸에 집중한 다음) 다시 말해줘. 네 말을 들을 마음은 있는데, 정중하게 고쳐 말해줘.

테일러가 정중한 의사소통을 요구하자마자 비평가가 곧바로 명랑하고 긍정적으로 바뀌지는 않았다. 대신 이렇게 말했다. "헛소리 집어치워. 나는 거짓말쟁이가 아니야. 네가 멍청이처럼 말하면 아무도 널 고용하지 않을 거야. 이게 진실이라고." 비평가의 톤이나 말이 여전히 무례하다면 테일러는 이렇게 말했다. "다시 말해줘. 들을 마음은 있는데, 반드시 예의를 갖춰야 해. 다시 말해줘."

비평가는 바로 포기하지 않았다. 말투가 조금 부드러워지기는 했지만, 여전히 비협조적이었다. "상관없어. 전화 받는 것도 그렇게 어설픈데 잘 다니던 직장을 그만두는 건 현명한 선택이 아니야. 프리랜서 일이란 게 원래 그렇잖아. 넌 감당할 수 없어." 비평가가 살짝 누그러졌지만 여전히 비판적인 태도를 보이자 테일러는 이렇게 말했다. "다른 단어를 써준 건 알겠는데, 여전히 힘이 되는 말은 아니야. 나는 우리가 서로 응원하고 존중하면서 말했으면 좋겠어. 아니면 무엇이 가장 무서운지 말해줄래? 다시 말해줘."

마침내 비평가는 진짜 두려워하는 것을 털어놨다. "네가 이 사업에 실패하면 고지서 낼 돈도 없을까 봐 무서워. 회사를 차리는 데 돈을 다 써버려서 남편이 너를 원망할까 봐 무서워. 우리가 이번에 실패하면 네가 평생 싫어하는 일을 하게 될까 봐 무서워. 그게 다야."

테일러가 경험한 것처럼 당신의 비평가가 뭐가 무서운지 솔직하게 털어놓고 두려움을 감추기 위한 도구였던 비판을 멈추면, 당신과 비평가는 함께 핵심 문제를 해결할 수 있다. 비평가가 방어적인 태도를 버린 후에 당신은 오래된 습관을 갑옷처럼 고집하던 상대방이 아니라 치유가 필요한 상처받은 환자와 대화하게 된다.

"진심으로 또 정말로 두려운 것이 무엇이지?" 비평가의 방어가 해제되고 나면 이 질문을 던져야 한다. 비평가의 두려움을 파악하고 난 후에는 관련 부분의 탄력성을 강화하면 된다. 테일러의 경우, 비평가는 돈, 남편의 원망, 좋아하는 일의 실패에 대한 두려움에 빠져 허덕이고 있었고 이는 계속해서 또 다른 두려움을 낳고 있었다. 그래서 덫에 걸린 기분이 들었다. 비평가와 꾸준히 대화하면서 '다시 말해주세요' 테크닉을 활용해 테일러는 비평가가 가장 무서워하는 것을 들을 수 있었고 회피, 만족, 또는 공격이 아닌 따뜻함과 보살핌으로 비평가를 대하게 되었다. 그리고 상처받은 비평가가 정복해야 할 적이 아니라 치유가 필요한 어린아이라고 여기기 시작했다.

"다시 말해주세요"를 응용해보자

먼저 이 장의 앞부분으로 돌아가 '비평가는 누구인가'에 답한 내용을 다시 살펴보자. 한 문장씩 천천히 소리 내어 읽고 비평가의 말에 귀 기울여보자. 비평가가 무례하거나 비협조적인 말을 할 때마다 "다시 말해줘"라고 부드럽게 말하며 필요로 하는 것을 비평가와 공유한다. 예컨대 비평가가 엄격한 톤으로 말하면 "다시 말해줘. 네가 하는 말을 듣고 싶은데, 더 친절하고 중립적인 톤으로 말해야 해." 비평가의 말 중심에 숨어 있는 두려움을 발견할 때까지 비판적인 말을 할 때마다 '다시 말해주세요'를 반복한다. 녹음하거나 거울을 보면서 연습하면 효과를 극대화할 수 있다.

계속해서 비평가와 말을 주고받게 될 것이다. 비평가의 말을 적은 다음 계속해서 묻는다. "다시 말해줘. 네 말을 듣고 싶은데, 나는 정중한 의사소통을 원해. 다른 표현이나 단어로 고쳐서 말해줘. 다시 말해줘."

비평가의 말에 계속 대답하면서 두려움에 대해 솔직해지고 약점을 보여주는 순간을 찾아보자. 그때까지 비평가가 어휘 또는 톤이 비협조적이라면 "다시 말해줘"라고 말한 다음 경계 역할을 하는 무언가를 더한다. 고쳐서 말하는데 필요한 변화를 비평가에게 정확하고 간결하게 안내해야 한다. 침착하고 납득 가능한 논리를 바탕으로 하지만 말투가 친절하지 않다면 비평가에게 친절한 말로 다시 바꿔 달라고 부탁해보자.

이 훈련은 비평가와 서로 존중하며 의사소통할 수 있는 강력한 도구이다. 또한 적절한 경계를 쌓게 된다. 비평가의 말에 귀 기울이고 그간의 공격성을 멈추게 된다. 비평가도 더 이상 공격하지 않을 것이다. 비평가와의 대화가 무례해지도록 내버려두지 않는 것이 중요하다.

이 과정을 주기적으로 연습하고 난관에 부딪힐 때마다 다시 돌아오자. 비평가를 없애는 방법은 없다. 양파껍질을 까듯 겹겹이 쌓인 층을 하나씩 벗겨낸 다음 각 층을 처리하면 된다. 비평가의 두려움을 하나씩 처리함으로써 두려움으로부터 자유를 찾게 될 것이다.

비평가의 요구사항을 충족하라

"어린아이의 모습을 다시 떠올려보죠." 비평가의 가장 큰 두려움을 파악하고 난 뒤 나는 테일러에게 제안했다. 그녀의 비평가는 돈이 부족하거나 원망을 사거나 또 평생 자신이 싫어하는 일을 하게 되는 것을 무서워하고 있었다. "어린아이 옆에 앉아 있는데 충분한 돈이 없을까 봐 두렵다고 말한다면, 어떻게 할 것 같아요?"

테일러는 북받쳐 오르는 감정 사이로 심호흡을 하며 말을 시작했다. 어렸을 때 집안 사정이 어려웠던 이야기를 하는 그녀의 갈색 눈동자에 금방이라도 눈물이 차오를 것 같았다. 부모님 두 분 모두 자신의 직업을 싫어했다. 불만족이 점차 커졌고 테일러 앞에서 싸우거나 학교에서 점심을 사 먹거나 준비물을 사기 위해 돈이 필요할 때마다 짜증을 내는 등 테일러에게 화풀이를 했다. 테일러가 열 살이 되자 가정에 커다란 금이 가기 시작했다. 테일러의 아버지가 어머니에게 말도 안 하고 삼촌에서 돈을 빌려줬기 때문이다. 삼촌은 돈을 갚지 않았고 어머니는 아버지를 평생 용서하지 않았다.

"옆에서 지켜보기 정말 어려웠겠어요. 게다가 어렸잖아요." 내가 말했다. 우리는 잠시 침묵을 지켰다. 얼마 후 내가 물었다. "그때의 열 살짜리 소녀가 지금 옆에 있다면, 어떤 도움을 주고 싶나요? 인생을 마음대로 주무르거나 돈을 뚝딱 만들어낼 수도 싸움을 멈출 수도 없지만, 열 살짜리 어린 소녀에게 힘이 되어줄 수 있다면 무엇을 하겠어요?"

"우리 가족이 별 탈 없이 잘살고 있다고 말해주고 싶어요." 테일러가 망설임 없이 대답했다. "돈이 없어도 그럭저럭 잘 지냈다고 말이에요."

그날 테일러와의 상담은 매우 강렬하고 감정적이었다. 그녀가 현재 상황과 재정적 어려움이나 누군가의 원망을 사는 것을 필사적으로 막으려는 비평가 사이에 있는 연결고리를 찾는 동안 나 역시 눈물을 흘렸다. 힘든 기억을 끄집어내야 하는 어려운 상담이었지만 유의미한 가닥이 보이기 시작했다. 테일러는 자라면서 늘 돈이 부족했고 걱정도 많았지만, 가장 큰 두려움이 현실이 된 적은 없었다고 말하며 내 생각이 사실임을 확인해주었다.

안전지대를 찾기 위해 머릿속에서 소리를 지르고 잔소리를 하던 비평가는 테일러가 인생에서 가장 중요한 것에 집중하지 못하도록 그녀를 방해해왔다. 그녀는 어려움을 극복하며 탄력성을 길러왔다.

그녀가 어려움을 견뎠다는 것보다 이 탄력성이 사실은 더 중요했다. 테일러는 실수도 하고 여러 번 비관론자 유형의 행동을 보이기도 했지만, 두려움과 자기회의를 다스리기 위해 도움을 구하기로 결정할 만큼 꿈을 위해 최선을 다했고 가장 용기 있는 자아로서 살아가려고 노력했다.

마지막으로 한 번 더 '비평가는 누구인가' 훈련으로 돌아가보자. 그리고 비평가가 당신에게 하는 말들을 살펴보자. 예전에 비평가의 말을 읽었을 때보다 충격이 좀 덜하다는 느낌이 들 것이다. 이제는 비평가가 두려워하고 있으며 사실이 아닌 말을 한다는 것을 우리가 알고 있기 때문이다.

이번에는 비평가의 말 중에 여전히 당신을 사로잡는 것들을 찾아보자. 받아들이기 힘든 말들을 곰곰이 생각해보고 비평가의 숨은 의도나 당신이 한 발짝 앞으로 나아가지 못하도록 방해하는 이유를 정확하게 이해하려고 노력해보자. 비평가의 의도가 안전을 추구하는 그릇된 욕구에 뿌리를 두고 있다는 점에 주목할 필요가 있다. '다시 말해주세요' 방법을 활용해 비평가가 진짜로 무서워하는 것을 털어놓을 때까지 가슴을 후벼 파는 말들을 고쳐 말하도록 해보자. 또는 이런 질문을 던져도 좋다. "정말로 무서워하는 것이 뭐지? 이런 말을 하는 진짜 이유가 뭐야?"

이후 몇 주 동안 테일러의 마음 깊은 곳에서 솟아난 맹렬함이 삶의 모든 부분에서 나타나기 시작했다. 지금까지 테일러의 주안점은 사진 사업을 키워 돈을 버는 것이었다. 이제 그녀는 비평가가 목적을 달성하지 못하도록 훼방을 놓을 때마다 감정 없이 듣는 용기 습관을 응용했다.

전화상담에서 테일러는 그녀의 욕망이 더 나은 인생을 위한 타당한 선택이라고 당당하게 말했다. 그리고 자신이 그럴 가치가 충분하다고 주장했다. 거부감이 드는 날도 있지만, 예전보다 시각이 더 넓어졌다. 몸에 집중하는 훈련을 통해 그녀는 거부감 혹은 좌절감의 감정을 파악할 수 있게 되었다. 그리고 산책을 하거나 잠시 멈추고 심호흡을 하면서 진정했다. 감정 없이 비평가의 말에 귀 기울이거나 올바른 경계를 설정하기 위해 '다시 말해주세요'와 같은 도구를 활용하는 방법, 그리고 비평가의 근본적인 두려움을 파악하는 훈련을 통해 테일러는 그녀 인생의 주도권을 되찾았다.

이후 훨씬 더 수준 높은 상담을 진행할 수 있었고 변화의 속도 역시 빨라졌다. 테일러는 어떤 일이 '절대 일어날 수 없는' 이유 대신 일어날 수도 있는 여러 가지 가능성에 대해 이야기했다. 주기적인 인물사진 의뢰도 점점 더 늘어나기 시작했고 그녀와 남편은 언쟁 없이 재정적 계획을 함께 세웠다.

"솔직히 말해 숫자를 계산하는 동안 와인 한 잔을 마신 게 큰 도움이 되었어요." 그녀가 웃으면서 말했다. 한결 가벼운 그녀의 목소리에 나는 무척 기뻤다. 그녀의 자부심을 나도 느낄 수 있었다. 테일러는 가장 용기 있는 자아를 불러내는 가장 근본적인 교훈은 바로 비평가가 나라는 사람의 일부라는 점을 인정하는 것임을 잘 알고 있었다. 있는 그대로의 자신을 온전히 사랑하고 받아들이려면 비평가처럼 지저분하고 감당하기 힘든 부분까지 모두 사랑하고 받아들여야 한다. 우리는 비평가에게 조금이라도 관심을 주면 점점 더 커지고 시끄러워지리라 생각한다. 하지만 테일러는 비평가의 상처를 동정심과 사랑으로 치유하는 것이 자유를 찾는 진짜 열쇠라는 것을 깨달았다.

이번 장에서는 꼭 필요한 기초를 다지는 데 중점을 두었다. 나는 항상 고객들에게 어떤 식으로든 몸에 집중하는 가장 첫 번째 방법을 십분 활용하라고 말한다. 그래야 현재 겪고 있는 과정에 집중할 수 있다. 당신에게도 똑같은 말을 하고 싶다. 이번 장을 다 읽고 난 후 적어도 5분 동안 어떤 신체 중심 훈련을 할 수 있을까?

또한 용기 습관의 각 단계를 거치는 동안 주안점을 잊지 않는 것이 중요하다. 주안점으로 선택한 목표들이 무엇인지 계속 생각하고 당신의 꿈이 좇을 가치가 없거나 원하는 삶을 만들 능력이 부족하다고 말하는 비평가의 말을 있는 그대로 정확하게 들어보자. 테일러는 비평가의 가장 근본적인 두려움을 마주한 이후 주안점을 위해 노력할 때 비평가가 무슨 말을 할지 훨씬 정확하게 예측할 수 있었다. 비평가가 끼어들 때마다 '다시 말해주세요' 도구를 활용했다. 주기적으로 주안점으로 되돌아가 목표를 다시 한번 생각해봄으로써 그녀는 자신이 이끄는 변화에 더욱 집중할 수 있었다.

이제 용기 습관의 4단계 중 절반에 다다랐다. 모든 단계는 동시에 일어나는데, 이제 몸에 집중하고 감정 없이 듣는 방법을 익혔으므로 세 번째 단계인 '제한적 스토리 재구성하기'로 넘어가보자. 두려움이 유발하는 행동 패턴이 습관으로 자리 잡았다는 것은 우리가 인생의 가능성을 너무 오랫동안 제한적이고 좁은 시야로 바라봤다는 뜻이다. 비평가가 어떤 말을 하는지 파악했으므로 이제 제한적 스토리를 재구성해 새로운 생각을 심어줄 차례다.

5장

제한적 스토리 재구성하기

수년간 나는 참 이상한 행동을 해왔다. 새벽 대여섯 시부터 눈이 떠질 때가 있는데, 그런 날에는 종종 하프마라톤이나 철인 3종 경기를 보러 갔다. 관중은 나 한 명뿐이다. 나는 선수들을 넋을 잃고 구경했다. 장거리 선수들이 멋있어 보였다. 어떻게 하는 거지? 어떻게 저렇게 힘든 상황까지 자신을 몰아붙일 수 있을까? 그들이 가진 능력에 마음을 빼앗겼지만, 내가 할 수 있으리라고는 감히 생각도 못 했다. 그래서 대신 스포츠에 관련된 책을 읽고 《트라이애슬리트》나 《러너스 월드》 같은 잡지를 구독했다.

하지만 먼발치에서 구경하고 스포츠 관련 책이나 잡지를 읽는 것이 전부였다. 혼자서 짐작해본 결과 경주에 참가하기에 나는 신체적으로 너무 약했다. 나는 운동선수도 아닐뿐더러 수영, 자전거, 달리기까지 해야 하는 철인3종 경기 선수는 더더욱 아니라고 스스로를 상기시켰다. 기껏해야 내 수영 실력은 가라앉지 않고 물에 간신히 뜨는 수준이었고 자전거 안장에 앉자마자 금세 피로를 느꼈다. 달리기는 좋아했지만 걸핏하면 다치기 일쑤였다.

하지만 사실 나는 아무도 몰래 철인3종 경기 선수가 되고 싶었다. 아니, 철인3종 경기 선수가 되기를 갈망했다. 유튜브에서 관련 동영상을 찾아볼 때마다 심장이 요동쳤다. 그래서 경주에 대한 책을 읽고 대회에 구경하러 갔으며 다큐멘터리 DVD를 사기도 했다. 엄청난 인내가 요구되는 철인3종 경기 훈련에 관한 자료를 볼 때마다 내면의 목소리가 이렇게 속삭였다. '우와! 나도 해보고 싶다!' 하지만 수년간 내면의 목소리가 들리면 곧바로 한숨 쉬며 이렇게 생각했다. '할 수 있다면 좋겠지만, 불가능해. 나는 운동선수가 아니야.'

잔인하고 인정 없는 비평가의 목소리가 아니었다. 만약 그랬다면 관심을 더 기울였을 것이다. 대신 논쟁의 여지가 없는 간단명료한 생각이었다. 하늘은 파랗고, 잔디는 푸르고, 나는 운동선수가 아니다. 그럼에도 어느 날 나는 스포츠용품점에 가서 철인3종 경기용 잠수복을 입어보기로 결심했다. 그냥 입어보고 싶었다. 탈의실에서 네오프렌 소재의 잠수복 안으로 엉덩이를 집어넣으려고 낑낑대기 전까지 나는 잠수복을 입는 것 자체가 유산소운동이라는 사실을 알지 못했다. 잠수복을 입은 내 모습은 트라이애슬론 잡지에 나오는 탄탄하고 늘씬한 여자들이라기보다는 케이트 윈즐릿에 가까웠다. 잠수복을 반만 입은 채 거울에 비친 내 모습을 보고 있는데 점원이 탈의실 밖에서 필요한 것이 없는지 물었다. 내가 너무 오랫동안 탈의실에서 나오지 않았기 때문이었다. 나는 속으로 생각했다. '케이트, 도대체 이 옷을 왜 입으려고 하는 거야? 넌 운동선수가 아니야.'

그 순간 나의 가장 용기 있는 자아라고 생각하는 내면의 목소리가 조용히 말했다. '지금은 운동선수가 아니지만, 앞으로 될 수도 있어.' 이렇게 글로 적고 보니 당연한 것 같지만, 그때는 이상하게 들렸다. 나의 가장 용기 있는 자아가 말을 이었다. '지금은 잠수복을 입는 것이 터무니없는 일 같지만, 철인3종 경기에 몇 번 참가하고 나면 지극히 정상적으로 느껴질 거야. 무슨 일이든 충분히 반복하면 정상적인 행동이 되니까.'

그 순간 그동안 나를 억압해온 제한적인 '스토리'가 보이기 시작했다. 나를 깎아내리려는 비평가의 목소리가 아니었다. 오히려 매우 간단한 추측에 불과했다. 나는 운동선수가 아니기 때문에 철인3종 경기에 도전할 수 없고 이게 최종 결론이야. 이 생각에 의문을 가지는 대신 나는 바보같이 운동선수로 태어나는 사람은 아무도 없다는 사실을 생각조차 못 했다. 모두 예외 없이 훈련에 시간을 할애했기 때문에 운동선수가 될 수 있었다.

이러한 생각의 변화가 바로 제한적 스토리를 살펴보고 '재구성'하는 훈련이다. 몸에 집중하고 비평가의 힘을 다시 생각하고 나서도 자신에 대한 제한적인 가정을 발견하지 못했거나 '원래 그렇기' 때문에 어떤 일을 하지 못하다는 생각이 들면 또 다른 훈련을 통해 노력해야 한다.

앞서 소개했던 알렉시스의 이야기를 기억해보자. 프로젝트 관리자였던 그녀는 대기업에 인간적인 따뜻함을 불어넣고자 했다. 그녀는 내게 직장 내 인간적인 의사소통 전략을 소개한다면 '회의실에서 나올 때까지 비웃음당할 것'이라고 말했다. 그녀의 스토리는 무엇이었을까? '대기업은 인간적인 의사소통에 관심 없어. 원래 대기업은 이런 곳이잖아, 안 그래?' 가죽재킷을 즐겨 입는 터프한 요가강사 셰이는 '요가강사는 부드럽게 호흡하며 나마스테라고 말해야 한다'는 스토리에 의문을 던지면서 가장 용기 있는 자아를 재정의했다. '요가강사들은 원래 다 그렇게 가르치잖아, 안 그래?' 세 명의 아이들은 키우는 자넬은 '좋은 엄마는 끊임없이 자기를 희생한다'는 스토리에서 벗어나야 했다. 그런가 하면 지칠 때까지 업무를 확인하고 또 확인했던 경영대학원생 엘리아나는 '실수해서는 안 된다'는 스토리를 버려야 했다. 테일러가 멀리해야 했던 스토리는 그녀가 자기 회사를 운영하기에 부족하거나 재능이 없다는 것이었다.

만약 제한적 스토리가 사실이라고 믿는다면, 앞으로도 계속 자신의 능력을 제한하게 될 것이다. 그러나 단순히 긍정적인 '확언'을 읊어서는 제한적 스토리에서 벗어날 수 없다. 이러한 확언은 현실과 동떨어져 있을 뿐만 아니라 최선의 상황만을 고려한다. 대신 '원래 그런 방식'을 바탕으로 만들어진 가정에 의문을 제기함으로써 스토리를 재구성할 수 있다. 그런 다음 탄력성을 넓히고 키우는 새로운 스토리를 선택해야 한다.

우리는 종종 꿈을 이룰 수 없다는 믿음 역시 원하는 것을 해낼 수 있다는 믿음만큼이나 노력을 필요로 한다는 사실을 까먹는다. 스토리를 의식적으로 선택하는 것은 얼마든지 가능하다. 나는 장애물을 극복할 수 있다, 나에게는 이 어려움을 뛰어넘겠다는 의지가 있다, 혹은 나는 희망을 포기하지 않을 것이다와 같은 스토리는 두려움, 장애물, 자기회의, 또는 난관에 부딪히는 우리의 탄력성을 더욱 강화한다.

이제 용기 습관의 세 번째 단계인 '제한적 스토리 재구성하기'를 시작해보자. 이를 위해 먼저 스토리가 무엇인지를 배우고 현재 자신이 가지고 있는 제한적 스토리를 찾아야 한다. 또한 자신의 능력을 어떻게 가정하는지 주목해야 한다. 훈련을 마무리하고 나면 제한적 스토리를 재구성하는 방법과 가능성의 견해를 한층 더 넓혀주는 스토리를 선택하는 방법을 배우게 될 것이다.

스토리란 무엇인가?

스토리란 세상의 이치에 대해 마음속으로 생각하는 이야기와 가정을 가리킨다. 중요한 것은 스토리가 객관적 진실이 아닐 수 있다는 점이다. 스토리는 삶은 바라보는 렌즈라고 할 수 있다. 선글라스의 렌즈처럼 말이다. 그렇기 때문에 세상을 바라보는 시각을 바꿀 수 있다. 경험을 통해 얻는 스토리는 자신을 피해자로 보는지 혹은 생존자로 보는지에 따라 달라진다. 또한 경험을 위험으로 인식하는지 경험으로 인식하는지에 따라 차이가 나며 앞으로 용기를 기를 능력이 있는지 혹은 별로 용기 있는 편이 아닌지에 따라 다르다.

스토리를 믿는 것이 틀렸다고 할 수는 없다. 우리 모두 세상을 살면서 내면의 가정에 의지한다. 하지만 어떤 스토리는 다른 스토리에 비해 더 도움이 된다. 예를 들어, 인간은 모두 이기적이고 자신밖에 모른다는 스토리를 믿는 사람을 한 번쯤은 만나봤을 것이다. 이러한 믿음 때문에 타인의 동기를 의심하고 남이 잘못한 일을 마치 점수라도 매기듯 모두 기억하고 있으며 '스스로 나를 보살펴야 한다'는 태도를 보인다. 행복한 삶은 사는 데 있어 이러한 스토리는 딱히 도움이 되지 않는다.

또한 모두가 선하며 최선을 다하고 있다는 스토리를 믿는 사람을 만나본 적도 있을 것이다. 이러한 믿음을 바탕으로 남에게 유리한 쪽으로 해석하고 사적인 감정을 섞지 않으며 사람들이 상호의존적이라고 생각한다. 훨씬 더 유익한 스토리다.

위 두 가지 스토리는 믿는 사람의 성향을 완전히 물들인다. 이 중에서 무엇을 믿느냐에 따라 세상을 바라보는 관점과 다른 사람과 소통하는 방식이 달라진다. 물론 둘 다 믿으면서 사는 것도 가능하다. 하지만 만약 당신이 사람들은 모두 이기적이고 자신밖에 모른다는 스토리에 갇혀 있다면, 누군가 이를 벗어나도록 도와주고 세상에는 최선을 다하는 착한 사람들로 가득하다는 믿음을 준다면 고맙지 않겠는가?

바로 이러한 이유 때문에 우리가 진실이라고 믿는 스토리를 살펴보는 것이 중요하다. 철인3종 경기 선수가 될 수 있다는 생각을 아예 묵살했던 나와 요가수업은 '이래야 한다'고 믿었던 셰이, 그리고 '엄마는 이렇게 행동해야 한다'는 미리 정해진 가정에 따라 행동했던 자넬처럼 당신도 제한적 스토리를 믿고 있을지도 모른다.

종종 스토리를 바꾸는 것이 가능하냐는 질문을 받는다. 그럼 나는 뭐라고 대답할까? 나는 지금까지 줄곧 의식적으로 스토리를 선택하는 것이 충분히 가능한 일임을 직접 목격해왔다. 의식적으로 스토리를 선택하는 것은 결국 무엇에 집중하고 어떤 의미를 부여하느냐의 문제다.

캐럴린의 이야기

모델처럼 키가 크고 호리호리한 캐럴린은 전형적인 캘리포니아의 자유로운 영혼 그 자체였다. 요가수업에서 바로 옆 매트에 앉은 것이 그녀와의 첫 만남이었다. 우리는 쉬는 시간에 이야기를 나누며 금세 친해졌다. 다운워드 도그 자세를 하며 강사의 눈을 피해 수다를 이어나갔고, 문신 한 개 한 개의 비하인드 스토리에 대해 이야기했다. 디프랑코의 공연을 보러 가기로 약속하기도 했다. 캐럴린은 동네에 살지는 않았다. 고향이 어디냐는 내 질문에 그녀는 어깨를 으쓱하며 "이곳저곳 전부다"라고 대답했다. 그러고는 스스로 선택한 방랑하는 생활방식에 대해 이야기해주었다.

"서핑을 가르치기도 하고, 무역 일을 하기도 해요. 자유로워요. 오라는 곳이 있으면 어디든 가죠." 그녀가 말했다. "샌프란시스코 쪽에는 몇 달 전에 왔어요. 패리스라는 남자를 만나는 중이었는데, 공중예술을 좋아하는 금속공이에요. 오클랜드에서 열리는 축제에 간다기에 그와 한동안 같이 지냈어요. 그 사람 룸메이트가 케리였는데 이 요가 워크숍 때문에 이쪽으로 옮긴다고 하더라고요. 강사가 그녀 친구라 공짜로 수업을 들을 수 있다고 해서 나도 같이 샌프란시스코로 왔어요."

나는 캐럴린의 자유가 조금은 부러웠다. 동시에 어떻게 생활이 가능한지 궁금해졌다. "여기저기 옮겨 다니는데 돈은 어떻게 벌어요?" 내가 물었다.

캐럴린은 목에 걸린 크리스털을 손가락으로 만지작거리며 활짝 웃었다. "항상 일이 잘 풀리더라고요." 그녀가 대답했다. "웹사이트 코딩을 할 줄 알아요. 어디서든 할 수 있는 일이거든요. 무슨 말인지 알죠? 사실 내가 진짜 하고 싶은 일은 바로 당신이 하는 일이에요. 사람들을 코칭하는 일이요. 정말 멋진 일 같아요. 어쩌면 당신에게 상담 받아야 할지도 몰라요. 용기가 더 있었으면 좋겠어요."

나는 웃었다. 코칭을 가리켜 '멋진 일'이라고 말하는 사람을 거의 만난 적이 없었다. 캐럴린은 꽤 용기 있는 사람처럼 보였다. 가장 용기 있는 자아의 모습으로 삶을 즐기는 것 같았다. 무슨 상담이 필요하다는 걸까? 하지만 조금 더 수다를 떨다가 내 웹사이트를 수정하면 좋겠다는 이야기가 나오자, 그녀가 이렇게 말했다. "상담시간과 웹사이트 작업시간을 맞교환하면 어때요?" 마침 웹사이트를 업데이트할 참이라 그녀의 제안에 귀가 솔깃했다.

몇 주 후 우리의 첫 번째 상담시간이 다가왔다. 캐럴린은 오리건에서 전화를 걸어왔다. 어렸을 때부터 알던 친구가 그곳에 살고 있어 함께 지내고 있다고 했다. 상담 전에 그녀는 사전 질문지를 작성해 보내왔다. 상담을 통해 무엇을 얻고 싶은지를 묻는 질문에 이렇게 적혀 있었다.

"빚 청산하기."

수화기 너머로 간단하게 인사를 나눈 후 나는 그녀에게 현재 상황을 더 정확하게 파악할 수 있도록 빚에 대해 더 자세히 이야기해달라고 말했다. 순간 "항상 일이 잘 풀린다"라고 말하는 낙천적인 캐럴린은 온데간데없었다. 그녀는 떨리는 목소리로 말했다. 너무 작게 속삭이는 바람에 다시 한번 말해달라고 해야 했다. "빚이 총 60만 달러 정도예요." 그녀가 모기만 한 목소리로 겨우 말을 내뱉었다. 그녀는 몇 해 전 어머니가 췌장암 선고를 받은 이후 학자금을 연체하기 시작했다고 설명했다. 아버지는 어렸을 때부터 볼 수 없었기에 손을 벌릴 수 있는 상황도 아니었다. 어머니를 돌보기 위해 학교를 그만두면서 신용카드 빚이 조금씩 불어나기 시작했다. 매달 빚을 갚느라 세금도 내지 못했다. 그녀 인생에서 가장 힘든 시기는 어머니의 죽음과 함께 찾아왔다. 그동안 쌓인 빚이 해를 넘기며 눈덩이처럼 불어났고, 아무리 노력해도 늘 부족했다.

여기저기 떠돌아다니는 캐럴린의 생활방식이 이해 가기 시작했다. 그녀는 자유를 추구하는 것이 아니라 도망치고 있었다. 알고 보니 캐럴린은 신용 조회를 통과하지 못해 월세집을 구하지 못했고 그래서 이곳저곳 옮겨 다니고 있었다. 일반적인 직장에서 받는 월급은 국세청으로부터 압류가 들어올 수 있어 웹사이트 작업을 하고 번 돈으로 생활하고 있었다. 이러한 상황이 그녀에게 어떤 영향을 미쳤을까? 캐럴린은 빚에 대해 고민하느라 자주 불면증에 시달렸다. 그리고 두 번이나 공황발작을 겪었다. 변변한 직업이 없어 건강보험도 없었기에 응급실에서 여러 번 치료를 받았고 병원비까지 빚으로 떠안게 되었다.

"방랑자는 그냥 하는 말이에요." 캐럴린이 솔직하게 털어놓았다. "그렇게 말하면 마음도 가볍고, 행복하고, 또 쉽잖아요. 현실은 완전히 엉망진창이거든요. 얼마나 심각하냐면, 오늘 저녁에 끼니를 때울 수 있을지 모르겠어요. 대개 물건을 교환하거나 아니면 저녁을 거르면서 상황을 해결하는데, 정말 거지같은 기분이 들어요. 이렇게 사는 꼴을 보면 엄마가 노발대발할 거예요. 딸이 이런 삶을 살기를 원치 않았을 테니까요. 뭔가 안정적인 것이 있었으면 좋겠어요. 한곳에서 지내고 한곳에서 일하고 싶어요. 그러니까, 평범한 삶이요."

캐럴린이 이렇게 큰 짐을 지고 있는지 전혀 알지 못했다. 지금까지 항상 잘 곳을 찾아왔으므로 엄밀히 말하자면 그녀는 '노숙자'가 아니었다. 하지만 한번은 친구로 지내던 남성의 집을 도망치듯 나와야 했다고 그녀는 말했다. 잘 곳을 제공해주는 대가로 그녀에게 잠자리를 요구했기 때문이다. 캐럴린은 생활력이 강한 여성이었지만, 떠돌아다녀야 하는 삶의 방식에 지쳐가고 있었다.

첫 번째 상담을 마무리하면서 우리는 몸에 집중하는 훈련에 대해 이야기를 나눴다. 캐럴린처럼 엄청난 압박에 시달리는 사람에게 특히 실질적인 도움이 될 수 있는 방법이었다. 그런 다음 나는 순전히 전략적인 차원에서 본다면 다음 상담까지 캐럴린이 두 가지 큰일을 해야 할 것 같다고 덧붙였다. 첫째로, 그녀와 같은 상황에 처한 사람들에게 어떠한 선택권이 있는지 더 자세히 알 필요가 있었다. 둘째로, 좀 더 안정적인 삶을 꾸릴 방법을 고민해야 했다.

"한곳에서 살고 싶다고 했죠. 한곳에서 일하면서요." 내가 말했다. "그럼, 어떤 옵션들이 있는지 한번 생각해봐요. 어떤 길이 가장 쉽죠?"

그날 전화를 끊을 때쯤에는 캐럴린의 기분이 좋아진 듯했다. "기분이 한결 낫네요." 그녀가 말했다. "어디서부터 시작해야 할지 알 것 같아요. 우선 전화를 끊자마자 도서관에 가서 일자리를 찾아봐야겠어요." 우리가 선택하는 스토리의 힘이 얼마나 강력한지 다시 한

번 알 수 있는 순간이었다. 어디서부터 시작해야 할지 알고 있다는 스토리가 캐럴린을 더욱 희망적이고 긍정적으로 만들었다.

그 후 상담을 계속하면서 캐럴린이 두려움을 느끼면 자기 파괴적인 행동을 하는 전형적인 파괴자 유형에 속한다는 사실을 금방 알 수 있었다. 어머니가 아프기 전부터 그녀는 대학 전공을 정하는 데 애를 먹었다. 결국 최대한 미루고 미루다가 마침내 전공을 선택했다. 그리고 나중에 대학 위원회에 전공을 바꿀 수 있도록 예외를 허가해달라는 탄원을 제출했다. 서른이 되기 전 그녀는 이미 세 번의 프러포즈를 받았고 그 중 두 번은 승낙해 결혼식 준비까지 시작했지만 취소하고 말았다. 우리는 자기 파괴적인 행동에 대해 이야기했다. 그녀는 이런 행동들을 알고 있었을까? "당연하죠." 그녀가 대답했다. "학교 다닐 때 선생님들이 항상 저보고 재능은 많은데 노력을 안 한다고 했던 것 같아요."

캐럴린은 다재다능한 사람이었다. 똑똑하고 창의적이었으며 재치가 매우 뛰어났다. 모두가 부러워할 만한 용기도 가지고 있었다. 물론 한 가지 일에 집중하지 못한다는 단점이 있었지만 근본적으로 좋은 사람이었고 모두에게 사랑받았다. 예고 없이 불쑥 찾아가도 그녀를 반갑게 맞이하고 잘 곳을 내어주는 수많은 친구들을 보면 알 수 있었다. 그녀는 변하고 싶었지만, 방법을 모르고 있었다. 제한적 스토리를 파악해 질문한 다음 재구성하는 방법으로 모든 것을 바꿔 나갔다.

제한적 스토리를 파악하라

1장에서 완벽주의자, 파괴자, 순교자, 그리고 비관론자의 행동 패턴에 대해 이야기한 것을 떠올려보자. 모든 습관의 기초인 신호-행동-보상 고리에서 우리가 사실이라고 믿는 스토리는 두려움에서 비롯되는 행동과 유사하다. 순교자 유형의 행동을 하는 사람은 '다른 사람이 행복한지 신경 써야 해'라는 스토리를 믿는다. 또 완벽주의자는 '더 노력해야겠어' 또는 '아직 이대로는 부족해!'라는 스토리를 믿는다. 비관론자가 믿는 스토리는 '시도해봤자 아무 의미 없어'이다. 이번 장에서는 가장 뚜렷하게 나타나는 두려움에 대한 반응과 주로 믿고 있는 스토리 사이의 연결고리를 기억하면서 훈련을 진행해야 한다.

캐럴린과 같은 파괴자 유형을 만나면 나는 충분히 타당한 가능성을 파괴하는 스토리에 대비한다. 캐럴린은 상담에 조금씩 늦거나 다음 상담 전까지 완료해야 하는 숙제를 점점 더 자주 건너뛰기 시작했다.

"이런 행동이 무엇을 의미하는지 결정해야 해요." 내가 느낀 그녀의 행동에 대해 설명하며 말했다. 이후 한번은 그녀가 한참 늦는 바람에 계속 기다려야 했다. "당신의 변화 과정에 도움이 되기 위해 지적하자면, 과정에 헌신하지 못하는 것은 파괴자 유형의 행동에 속해요." 그녀가 훈계받는 듯한 기분이 들지 않는 선에서 내가 관찰한 것을 지적했다.

“있잖아요.” 그녀가 갑자기 말을 가로막았다. “그게 말이죠, 일하러 오라는 데가 있어요.” 그러고는 긴장한 목소리로 스스로를 방어하듯 덧붙였다. “그런데 가지 않을 거예요. 절대 안 돼요. 당신한테 알리고 싶었어요.”

무슨 말을 해야 할지 몰랐다. 처음에는 자세한 이야기를 꺼렸지만 결국 다 털어놓았다. 그녀는 시애틀에 있는 회사에 다니는 친구가 얼마 전에 승진했는데 그녀에게 일자리를 제안했다고 말했다. 회사는 연봉만 무려 10만 달러를 제시했고 캐럴린이 시애틀의 치열한 아파트 시장에서 새로운 보금자리를 찾을 때까지 60일 동안 지낼 수 있는 콘도도 마련해주겠다고 했다. 그런데도 캐럴린은 전혀 기쁘지 않아 보였다.

“좋아요.” 어떻게 대처해야 할지 생각하며 내가 천천히 말했다. 내가 그녀의 선택을 지지한다는 것을 알려주고 싶었다. 캐럴린은 분명이 기회를 탐탁지 않게 여겼다. 하지만 그녀가 겪고 있던 재정적 불안을 원할 것 같지도 않았다. 회사들이 줄을 서서 너도나도 높은 연봉과 좋은 조건을 제시하는 것도 아닌데, 그녀는 어떻게 해야 할까? 마침내 나는 그녀에게 모든 옵션을 테이블 위에 올려보는 것이 어떻겠냐고 물었다. 그녀 마음에 들지 않는 옵션까지 모두 말이다.

“글쎄요, 먼저 지금 이 생활을 계속할 수 있겠죠.” 캐럴린이 말했다. “현재로서는 그게 가장 현명한 선택일 것 같아요. 이번 주까지는 오리건에서 지내다가 콜로라도에 있는 사촌에게 연락해볼 생각이에요. 조금 있으면 아기 돌인데, 사촌부부와 지내면서 아기 돌보는 것을 도와줄 수 있으니까요."

"그렇군요. 다른 건요?" 내가 물었다.

캐럴린은 오랫동안 아무 말을 하지 않았다. "또 다른 옵션은 이 일을 승낙하는 거예요. 그런데 이건 옵션이라고 볼 수 없죠." 마침내 입을 연 그녀가 방어적인 말투로 대답했다.

"어째서요?" 내가 물었다.

"그게 그러니까…… 나한테는 안 맞는 자리라는 것을 알거든요." 캐럴린이 말했다. "나에게 일자리를 제안한 그 친구가 어떻게 사는지 알고 있어요. 오로지 일밖에 모르죠. 회사원들이 다들 그렇잖아요. 계속 일만 하다가 집을 사고, 대출금에 발 묶이고, 퇴근하고 집에 돌아와 와인병을 열 때 가장 행복하고. 그런 삶은 싫어요. 나랑은 안 맞아요."

"하지만 잠시만요." 내가 반박했다. "당신에게는 어떻게 취직이 '일과 대출금밖에 모르고 술에 의존하는 특별할 것 없는 인생'이 될 수 있죠?"

"원래 그렇잖아요." 캐럴린이 감정적인 목소리로 말했다. "한 가지 옵션에 안주하면 인생 끝이에요."

상담을 진행하면서 나는 캐럴린이 믿고 있는 궁극적인 스토리를 들여다볼 수 있었다. 약속하는 것은 곧 안주하는 것을 뜻하며 그렇게 되면 더 이상 삶에서 재미를 느낄 수 없었다. 대학 전공이나 남편을 선택하지 못한 것도, 취직 기회를 쉽게 받아들이지 못하는 것도 모두 이 스토리 때문이었다. 캐럴린에게 '약속은 곧 구속'이었다. 빚을 지고 이곳저곳 떠돌아다니는 삶은 분명 무서웠지만, 약속만큼 두렵지 않았던 것이다. 그렇기 때문에 캐럴린은 두 발짝 앞으로 나아갔다 다시 한 발짝 물러서기를 수도 없이 반복했다.

이러한 생각을 캐럴린과 함께 나누면서 나는 불안함을 느꼈다. 전화 상담을 시작할 때부터 그녀는 내게 짜증이 나 있었다. 아마도 마음속으로 내가 그녀의 행동을 지적할 것이라고 생각했는지도 모르겠다.

"어떻게 생각해요?" 내가 관찰한 것을 설명한 후 그녀에게 물었다. 오랜 침묵이 흐르고 캐럴린은 마침내 생각해보겠다고 대답했다. 그날 상담은 평소보다 일찍 끝났다. 나는 수화기를 내려놓으면서 앞으로 상담이 어떻게 진행될까, 아니 과연 진행될 수 있을까라고 생각했다.

캐럴린은 한곳에 머물고 또 스스로 선택한 것을 지키는 것을 두려워했다. 그리고 약속은 곧 안주한다는 뜻이고 그렇게 되면 재미는 사라진다는 캐럴린의 스토리가 이 두려움으로부터 그녀를 보호하고 있었다. 어떤 일을 시작할 만큼 자신을 믿었고 능력도 있었지만 이내 약속을 꺼리는 파괴자 유형의 스토리가 그녀를 사로잡았다. 그녀에게 있어 이 스토리는 너무나도 당연한 말이었다.

이러한 스토리는 보호기제로 두려움이 유발하는 행동과 유사하게 나타난다. 순교자는 '모두가 행복하도록 노력해야 해'라는 스토리를 보호막으로 삼는다. 모두를 행복하게 만들기 위해 분주하게 뛰어다니면 자신의 삶을 돌볼 시간이 없고 본인의 꿈이나 욕망에 수반되는 어려움을 겪지 않아도 되기 때문이다. 비관론자는 '아무리 노력해도 나는 잘 안 풀릴 거야'라는 스토리를 방패삼아 실패가 가져올 고통으로부터 자신을 보호한다. 완벽주의자 역시 방법은 달라도 마찬가지다. 다만 '더 열심히 해야 해'라는 스토리를 바탕으로 자신을 쉴 새 없이 몰아붙이고 비판과 실패의 위험성을 회피하려 애쓴다.

우리의 스토리는 우리가 누구인지 그리고 세상이 어떻게 돌아가는지에 대한 가정과 믿음을 바탕으로 한다. 그래서 때로는 스토리를 파악하는 것이 어렵다. 오랫동안 소음이라고 치부했던 비평가에 귀 기울이는 동안 내가 내린 선택이 스토리의 영향을 받았다는 사실을 인지하지 못할 수도 있다.

상담이 끝나고 한 시간이 채 지나기도 전에 캐럴린으로부터 메일 한 통이 도착했다. 메일에는 이렇게 쓰여 있었다. "생각해봤는데, 내가 믿고 있는 스토리에 대해 당신 말이 맞는 것 같아요. 그런데 이제부터 어떻게 하면 되죠?"

나는 답장 버튼을 클릭하고 자판을 치기 시작했다.

"우리가, 아니 당신이 스토리를 바꿔야죠."

삶을 다른 시각으로 보기 위해 스토리를 인식하고 재구성하는 작업은 우리에게 새로운 힘을 부여한다. 숲길을 따라 산책하다 돌돌 말린 무언가를 발견했다고 생각해보자. 몸이 즉각적으로 반응해 위험한 물건이 있다는 사실을 알려주는 것이 도움이 된다. 길을 가는 것을 포기하고 회피하거나 무서워하는 대신 앞에 있는 것이 뱀이지 밧줄인지를 정확하게 파악해야 한다. 두려운 물체에 좀 더 다가가 살펴보니 다행히도 밧줄이었다. 이제 뱀일지도 모른다는 두려움은 느끼지 않을 것이다. 습관처럼 자리 잡은 두려움의 행동에 기반을 둔 스토리로부터 벗어나는 것 역시 마찬가지다.

스토리 파악하기 연습

본격적으로 내가 믿고 있는 스토리를 찾아보자. 일기장 또는 종이 위에 질문에 대한 답을 적어보자.

1. 먼저 주안점의 특징을 떠올려보자. 또는 자원이 부족하다거나 혼란스러움, 내면의 비평가로 인한 어려움 등 커다란 장애물에 부딪힌 듯한 느낌이 들 때 가장 용기 있는 자아가 어떤 행동을 할지 생각해보자. 장애물 때문에 움직이지 못하는 자신의 모습을 잠시 머릿속에 그려보자. 이제 다음 문장을 마무리해보자.

   내가 불만스러운 이유는……

   나는 ________이 ____________________를 멈추었으면 좋겠다.

   이것이 어렵게 느껴지는 이유는……

이제 잠깐 멈추고 심호흡을 해보자. 잊지 말고 몸에 집중하는 것이 중요하다.

2. 당신이 보이는 진전에 대해 비평가는 무슨 말을 하는가? 적어보자.

 내 비평가가 말하는 내가 해야 하는 일은……

 내 비평가가 말하는 내가 하지 말아야 할 일은……

3. 나 자신에게 어떤 스토리를 말하고 있는지 살펴보기 위해 다음 문장을 마무리해보자.

 주안점을 고려했을 때 내가 더 노력해야 하는 일은……

 가장 용기 있는 자아의 모습일 때 내가 할 수 없다고 생각하는 일들은……

 주안점에 있어 나는 ________________________이 항상 부족하고 _______________와 같은 기분을 느끼지 못한다.

 인생을 바꾸는 데 있어 내가 잘 모르는 일은……

4. 큰 꿈이나 가장 용기 있는 자아로서의 삶에 대한 내 생각은……

질문에 모두 답한 후에 적은 내용을 살펴보고 파악 가능한 모든 스토리를 나열해보자. 목록을 작성하는 동안 충동적으로 이렇게 말할 수 있다. "안 돼, 잠깐만! 이게 사실이라고 믿지 않잖아. 넌 이것보다 훨씬 강해. 그건 적지 마." 더 용기 있는 자아가 나서서 존재감을 드러내는 것은 분명 반가운 일이지만, 이 훈련의 목적은 숨기고 싶은 스토리를 밖으로 끄집어내는 것이다. 스토리를 재구성하려면 먼저 두려움을 느끼는 순간 머릿속에 떠오르는 스토리를 있는 그대로 적어야 한다. 내면에서 일어나는 스토리를 완벽하게 살펴보기 전에는 일부러 내용을 빼거나 보태지 않아도 된다. 시간이 지나도 같은 스토리가 반복해서 나타나므로 굳이 숨길 필요는 없다.

흔히 볼 수 있는 제한적 스토리

스토리를 찾아가는 과정의 일부로 나는 종종 고객에게 제한적 스토리를 가장 흔히 찾을 수 있는 세 가지 분야에 초점을 맞추라고 주문한다. 앞에서 적은 목록의 스토리들을 아마도 다음의 세 가지 종류 중 하나로 분류할 수 있을 것이다.

성장배경에 관한 스토리: 중독에 빠져 육아는 뒷전이었던 부모님, 커서 제구실도 못할 것이라고 말했던 선생님, 나서서 의견을 공유하는 대신 조용히 하라고 강요한 문화 등 과거에 있었던 일과 관련된 스토리.

외부상황에 관한 스토리: 시간이나 돈이 부족하거나 아이디어에 대한 충분한 지원을 받지 못하는 등 진전에 방해가 되는 외부적 요인과 어려움에 관한 스토리. '너무 바쁘다'는 생각과 나중으로 미루는 행동 역시 외부상황에 관한 스토리로 간주한다.

가능성에 관한 스토리: 바꿀 수 없는 선천적 능력 부족이나 실제로 이루어질 것이라는 신호가 없다면 필연적으로 성공할 수 없다는 가정과 관련된 스토리. 나는 똑똑하지 않고 타고난 재능도 부족하다. 이미 누군가가 했던 일이므로 나까지 노력할 필요는 없겠지. 어차피 나는 무언가를 끝내본 적이 없으니까. 나 말고 아무도 신경 안 쓰네. 나는 너무 어려/늙었어. 타이밍을 놓쳤어.

'스토리 파악하기' 훈련에서 적은 목록을 살펴보고 위의 세 가지 종류에 속하는 스토리 옆에 별표를 그려보자. 변화의 가능성에 대한 우리의 인식에 가장 큰 영향을 미치는 강력한 스토리들이다. 실제로 있었던 가슴 아픈 과거 경험에서 비롯되는 스토리의 경우 부정하거나 무시하거나 혹은 숨기지 않아도 된다. 아이를 학대하는 부모가 분명 있고 차별 역시 사회 내 존재하며 많은 영향은 미친다. 부족한 시간과 돈은 단지 개인의 문제일 뿐만 아니라 우리 사회의 제도적 불평등의 결과이기도 하다. 이러한 어려움은 분명 실재한다. 하지만 이 훈련의 목적은 제한적 스토리가 어디에서 시작되는지를 파악하는 것이다. 그래야 적절한 대응과 이해, 인지를 통해 더는 우리 삶을 좌지우지 못 하도록 할 수 있다.

고통스러운 과거를 부정하거나 장밋빛 미래만을 기대하는 대신 스토리를 재구성함으로써 스스로를 옭아매는 문제점을 실질적으로 해결할 수 있다. 나아가 상상 이상의 가능성으로 자신을 밀어붙일 수 있다. 이미 과거에 일어난 일이다. 지금은 현재를 어떻게 살아야 할지를 고민해야 할 때다.

제한적 스토리에 질문하라

제한적이고 도움 되지 않는 스토리를 파악한 후에는 인생의 새로운 방향을 결정하기 위해 스스로에게 질문을 던져야 한다. "내가 정말로 이 스토리를 믿고 있는가?" 이 질문에 대한 답을 찾는 과정은 엄청난 효과를 가져올 수 있다. 특히 새롭고 보다 긍정적인 스토리를 뒷받침하는 여러 증거를 발견하면 더욱 그렇다.

캐럴린은 짧은 시간 안에 입사를 결정해야 했다. 캐럴린에게 자리를 추천한 친구가 하루라도 빨리 사람을 뽑아야 했기 때문이었다. 입사 제안을 받은 그 주에 나는 상담을 통해 캐럴린의 스토리가 과연 사실인지 꼼꼼하게 들여다봤다. 약속하는 것은 곧 안주하는 것을 뜻하며 그렇게 되면 더 이상 삶에서 재미를 느낄 수 없다. 과연 사실일까?

논리적으로 살펴본 결과, 캐럴린은 이 스토리가 온전한 진실은 아니라는 결론을 내렸다. 물론 정말 그런 사람들도 있겠지만, 그녀가 꼭 그렇게 될 필요는 없었다. 우리는 먼저 가정에 대해 살펴봤다. 약속은 다양한 것을 의미한다. 그렇다면 캐럴린은 그녀에게 약속이 무엇을 의미한다고 생각했을까? '약속'의 의미에 대한 가정에 의문을 제기하고 다른 생각을 고려한다면 그녀는 스스로에게 이런 질문들을 던질 수 있다. 내게 있어 약속은 무엇을 의미하는가? 범위는 무엇인가? 약속은 얼마나 오랫동안 지속되어야 하는가? 허용 가능한 것과 그렇지 않은 것은?

"방금 깨달은 것이 있어요." 성장 배경과 가능성에 관한 스토리에 대해 이야기하던 중 캐럴린이 말했다. "내 스토리는 가능성과 연결되어 있어요. 근본적으로 나 자신이 '약속을 잘 지키는 사람'이라고 생각하지 않거든요. 세상에는 두 종류의 사람이 있는데, 내가 '약속을 잘 지키는 사람' 중 한 명은 아닌 것 같아요. 그동안 별일 아니라고 생각했죠. 딱히 남에게 폐를 끼치는 건 아니잖아요?"

"그걸 깨닫다니 대단해요." 내가 말했다. "그런데 남한테 피해준 적이 있나요?"

"글쎄요, 있는 것 같아요. 찰리와 와이어트요." 캐럴린은 프러포즈를 승낙했지만 결국 헤어졌던 두 남성의 이름을 말했다. "두 사람은 내가 결혼이 아니라 약속에 대해 승낙했다는 걸 몰랐어요. 사실 약속을 지킬 수 있으리라는 기분이 들지 않았는데 말이죠. 또 지금 행복하다고 말할 수 없으니까…… 계속 도망 다니면서 나 자신에게 상처를 줬어요. 새로운 것으로 달려가고 싶은 충동이 자꾸만 느껴져요. 그리고 그 순간에는 마음 가는 대로 움직이죠. 정말 원해서가 아니라 두려움이 감지되면 나타나는 반응이겠죠."

나는 캐럴린이 입사와 관련된 긍정적 그리고 부정적 스토리를 하나도 빠짐없이 이야기하도록 유도했다. 당연히 생활비를 마련하고 빚까지 청산할 수 있었지만, 캐럴린이 진지하게 준비되지 않은 상태에서 입사를 결정한다면 시작했지만 끝내지 못한 또 하나의 일이 돼버린다는 것을 나도 그녀도 잘 알고 있었다. 우리는 목록에 있는 모든 스토리를 철저하게 살펴보고자 했다. 뒤집어 보기도 하고 질문도 하면서 말이다.

당신에게도 같은 조언을 하고 싶다. 당신을 방해하고 있는 스토리를 하나도 빼먹지 말고 목록에 적은 다음 하나씩 꼼꼼하게 살펴보고 질문해야 한다. 이제 이미 파악한 스토리 목록으로 돌아가보자. 그리고 스스로에게 이런 질문을 던져보자. "나는 이것을 어떤 의미로 해석하고 있는가?" "이것이 정말 사실일까?"

예를 들면, 이번 장의 맨 처음에 내가 운동선수가 아니라고 믿었던 내 스토리가 나온다. 근본적인 스토리는 내가 기본적으로 운동선수가 될 수 없다는 가능성과 관련된 제한적 스토리였다.

"나는 이것을 어떤 의미로 해석하고 있는가?"

내가 철인3종 경기를 완주하지 못한다고 해석한다.

"이것이 정말 사실일까?"

아니다. 시간을 들인다면 아마도 나는 철인3종 경기를 완주할 수 있을 것이다.

또 다른 예를 살펴보자. 앞서 세 아이를 둔 엄마인 자넬의 이야기를 살펴봤다. 그녀의 스토리는 좋은 엄마는 자신을 희생한다였다.

"나는 이것을 어떤 의미로 해석하고 있는가?"

나를 희생하지 않는다면 나는 나쁜 엄마다.

"이것이 정말 사실일까?"

내가 그렇게 믿지 않는다면 사실이 아니다. 무엇이 좋은 엄마인지 내 손으로 정의할 수 있다.

같은 방법으로 당신의 스토리 목록을 살펴보자. 스토리를 하나씩 나누어 "나는 이것을 어떤 의미로 해석하고 있는가?"와 "이것이 정말 사실일까?"라는 질문을 던져보자. 생각나는 대로 답을 적되 종이를 버리면 안 된다. 이제 스토리를 재구성할 차례이기 때문이다.

제한적 스토리를 재구성하라

우리는 바로 앞에서 제한적 스토리에 질문함으로써 곰곰이 생각해보면 사실이 아닐 수도 있음을 살펴봤다. 이제 스토리를 재구성하기 위해 제한적 스토리를 의식적으로 더욱 탄력적이고 넓은 스토리로 만들 것이다. 캐럴린에게 이에 대해 설명하자 그녀는 이렇게 대답했다. "잠깐만요, 확언 같은 건가요? 긍정적인 확언은 정말 질색

이에요."

"아, 잘됐네요. 저도 그렇거든요." 내가 대답했다. '긍정적인 확언'이라는 개념은 코칭 전문가들 사이에서 널리 쓰인다. 하지만 나는 정말 이 말을 좋아하지 않는다. 셀 수 없을 정도로 많은 사람들이 긍정적인 확언을 반복해서 말하는 것만큼 짜증나는 일이 없다고 내게 털어놨다. 내가 태어날 때부터 부정적인 성격이라 강한 거부감을 드러내는 것은 아니다. 대부분의 사람들이 확언을 소리 내어 말해본 적이 있다. 하지만 꽤 끈질기게 매달렸는데도 모두 좌절하고 말았다. 나 자신에게 계속해서 거짓말을 반복하는 듯한 느낌이 들기도 한다. 긍정적인 확언은 일어날 확률이 반반인 매우 긍정적인 어떤 것을 믿도록 스스로를 밀어붙여 두려움처럼 조금이라도 '부정적인' 감정을 아예 배제한다. 예컨대 숨이 차서 말이 안 나올 때까지 '나는 백만장자다!' 혹은 '이제 빚이 없다!'라고 외친다고 해서 캐럴린의 신용카드 빚이 없어지리라 생각하지 않는다.

게다가 억압(인종, 성별, 성적 취향에 따른 차별이나 정신적으로 고통스러운 어린 시절, 또는 돈이나 자원에 대한 접근의 체계적인 부재)에 시달리는 사람들에게도 긍정적인 확언에 집중하라고 하는 것은 그들이 겪는 실질적인 고통과 아픔에 공감하지 못하는 행동이다. 캐럴린 역시 피해자다. 우리 사회가 그녀처럼 금전적인 문제로 허덕이는 사람들에게 안전망을 제공하지 못하고 있기 때문이다. 이로 인해 빚이 어떻게 해도 갚지 못할 만큼 늘었다.

핵심은 우리가 살아남았거나 여전히 살아남기 위해 애쓰는 고통이 실재한다는 것이다. 우리가 자라면서 겪은 것들은 결코 '상상에서 비롯된 허구'가 아니며 긍정적인 생각을 한다고 해서 변화가 일어나는 것도 아니다. 제한적 스토리를 재구성한다고 해서 과거의 억압적인 경험이나 환경의 영향이 사라지는 것은 아니다. 이러한 스토리를 탐구하고 해체하는 목적은 우리 삶을 제한하는 지속적이고 끊임없는 고리를 끊어내는 것이다. 이를 내버려두면 고통이 매번 반복되고 해결책도 찾지 못한다.

어려운 상황 속에서 긍정을 찾겠다고 결심하는 것이 진짜 목표다. 의식적으로 긍정적인 스토리를 선택하는 사람들에게도 어려운 일들과 심각한 삶의 장애물이 찾아온다. 스토리를 재구성하다 보면 지속적으로 긍정적인 스토리를 찾는 선택이 어려움을 극복하는 탄력성 전략의 일부라는 점을 알 수 있다. 찬찬히 살펴봄으로써 더욱 긍정적이거나 목표 달성에 도움 되는 스토리를 내 손으로 선택하겠다는 생각을 순진하다고 볼 수는 없다. 내게 선택권이 있다고 믿으면 더 많은 가능성이 보인다. 제한적 스토리를 재구성하는 것이 곧 실제가 아닌 환상에 기반한 제한적인 믿음을 버리고 더욱 용기 있고 보람찬 선택을 향해 뻗어 나가는 과정이라고 생각해보자. 오래된 과거의 일부를 인정하고 현재 내가 서 있는 위치를 파악한 뒤 앞으로 더욱 유익한 방향으로 나아갈 수 있는 길을 모색해보자.

캐럴린의 경우 먼저 목록에 있는 스토리를 하나씩 살펴본 다음 재구성 작업에 들어갔다. 그녀가 적은 스토리 중에는 빚과 관련된 것도 있었다. '빚이 너무 많아 절대 다 갚지 못할 거야.' 이런 사고방식 때문에 종종 그녀에게 허락된 재정적 여유 안에서 돈을 현명하지 못하게 쓰기도 했다. 이러한 행동을 합리화하는 스토리도 있었다. '이 상황에서 벗어날 수 없다면, 이왕 이렇게 된 거 좀 즐기면서 살아야지.' 그녀는 이 스토리를 다음과 같이 재구성했다. '매달 최소 금액밖에 갚지 못하더라도 꼭 빚을 전부 갚을 거야.' 백만장자가 되고 싶다거나 하룻밤 만에 빚이 없어질 것이라고 말하는 대신 그녀는 현재 그녀가 처한 상황을 바꾸겠다는 의지를 선언했다.

약속이 곧 안주하는 삶이라는 스토리를 캐럴린은 이렇게 재구성했다. '약속이 무엇을 의미하는지와 내가 안주하는지 아닌지를 정의해야 해.' 손가락을 한 번 튕기고 이제 약속과 안주함 사이에 연관성이 없다고 말로만 주장하는 것이 아니라 약속이 그녀에게 무엇을 의미하는지 스스로 정의할 수 있다는 사실을 인정하고 그녀가 가고자 하는 방향으로 스토리를 재구성했다.

스토리 재구성하기 연습

스토리를 재구성하려면 의심할 여지없는 진실에서부터 시작해야 한다(지금 현재 빚이 있다). 그런 다음 보다 긍정적인 방향으로 문장을 길게 만든다(지금 현재 빚이 있지만 이를 바꾸기로 결심했다). 사실과 긍정적인 내용을 조합하는 것이 중요하다. 앞서 질문했던 스토리를 직접 재구성해보자. 질문하는 과정을 통해 어떻게 재구성해야 할지 어느 정도 윤곽이 드러난 스토리도 있을 것이다.

어떻게 재구성할지 그리고 전체적인 과정을 어떻게 가져갈지 생각해볼 수 있는 또 다른 예가 있다. 아래에는 '난 이 일을 할 수 없어'라는 스토리를 재구성하는 과정이 단계별로 나와 있다. 새로운 문장은 기존에 있던 스토리를 보다 긍정적인 방향으로 늘리는 좋은 예다.

난 이 일을 할 수 없어.

↓

선택지를 살펴볼 의향이 있어.

↓

시간을 투자하면 할 수 있을 것 같아.

↓

하나를 선택해 실천하기로 결정했어.

↓

꾸준히 실천할 의향이 있어.

↓

꾸준히 실천하고 있어.

내가 '진짜' 운동선수가 아니라는 스토리에 질문하고 재구성할 때

처음에는 문장을 이렇게 바꿨다. '글쎄, 한번 해보고 어떻게 되는지 봐야지.' 그런 다음 한 번 더 재구성했다. '수영, 자전거 타기, 또는 달리기를 잘하지는 못해도 꾸준히 훈련하겠어.' 마지막으로 다음의 스토리가 완성되었다. '철인3종 단거리 경기를 완주할 수 있어!' 스토리를 재구성할 때마다 기존의 문장을 한층 더 긍정적인 방향으로 바꿨다.

단거리 마라톤을 처음으로 시작하고 1년이 채 되기 전에 나는 하프 철인3종 경기에 참가했다. 약 2킬로미터를 수영한 다음 자전거를 타고 90킬로미터을 달려 마지막으로 21킬로미터를 뛰는 코스였다. 완주하는 데 8시간 넘게 걸렸지만, '할 수 없어'에서 '할 수 있어'로의 여정이 훨씬 더 크고 의미 있었다. '나는 운동선수가 아니야'에서 '나는 하프 철인3종 경기를 완주했어'로 단번에 가지는 못했을 것이다. 제한적 스토리를 모두 파악하고 각 스토리를 의식적으로 재구성하는 것이 비결이었다.

앞서 몇 가지 사례들을 살펴봤으니, 이제 직접 스토리를 재구성해보자. 각 문장을 하나씩 살펴본 후 재구성한다. 확실한 진실은 그대로 두고 긍정적인 방향으로 문장의 길이를 늘여보자.

'스토리 파악하기' 훈련에서 표시한 세 가지 스토리를 적어보자.

1. ______________________________

2. ______________________________

3. ______________________________

이제 한 번에 스토리를 하나씩 살펴보자. 문장을 늘이는 것이 재구성보다는 '거짓'에 가깝다고 느껴질 때까지 계속해서 긍정적인 방향으로 이전 문장을 늘여보자.

스토리 1

긍정적인 방향으로 한 단계만 늘인다면, 이렇게 재구성할 수 있다.

___

이제 위 문장을 다시 한번 긍정적인 방향으로 한 단계만 늘여보자.

___

위 문장을 한 단계만 더 늘여보자.

___

이런 식으로 조금씩 문장을 늘여나간다. 확실히 실천할 수 있는 문장이 나올 때까지 계속 반복해보자. 나머지 두 개의 스토리도 마찬가지로 재구성해보자. 새로운 제한적 스토리에 부딪힐 때마다 재구성 훈련을 해도 좋다.

스토리를 재구성한 다음에는 무엇을 해야 할까? 일상에 변화를 주기 위해 재구성한 스토리를 어떻게 행동으로 옮길 수 있을까? 스토리를 재구성한 다음에는 다른 믿음을 선택할 수 있다는 것을 스스로 상기시켜야 한다. 어떤 스토리를 선택하는지는 당신에게 달려 있다. 기존의 제한적 스토리와 이상적으로 재구성한 스토리를 알고 있으면 현재 진행 중인 스토리를 더욱 잘 파악할 수 있다. 이는 끊임없이 노력해야 하는 부분이지만, 가장 용기 있는 자아를 향해 한 발짝씩 나아가다 보면 큰 노력을 기울이지 않아도 한 번에 조금씩 스토리를 재구성해나갈 수 있을 것이다.

도망치는 인생에서 자유로운 인생으로

캐럴린은 입사와 관련해 중대한 결정을 내려야 했다. 우리는 여러 번의 집중 상담을 통해 그녀의 스토리를 파악하고 용기 습관을 단계별로 훈련했다. 몸에 집중하는 훈련은 그녀의 두려움이 익숙한 행동을 유발하는 순간을 파악하는 데 도움이 되었다. 두려움은 빚 문제를 외면하고 그동안 해온 행동이 익숙하니 계속하라고 부추겼다. 그녀는 약속을 저버리는 것이 별일 아니라고 말해놓고는 나중에 그녀의 선택을 비난하는 비평가를 인식하기 위해 노력했다. 무엇보다 캐럴린은 그동안 포기를 쉽게 합리화할 수 있었던 약속에 대한 그녀의 제한적 스토리와 가정에 집중했다.

캐럴린은 결국 입사를 선택했다. 그녀가 시애틀로 이사하고 자리를 잡는 동안 몇 달 정도 상담을 계속했다. 이후 그녀는 점점 바쁜 일상을 보내며 그녀가 만든 새로운 인생에 잘 적응해나갔다. 우리는 상담을 중단하기로 결정했고 차차 그녀와 연락이 끊겼다. 그리고 몇 년이 지난 후 요가수업에서 캐럴린을 만났다. 그녀는 내가 살던 도시를 방문 중이었다. 우리는 흥분해서 서로를 꽉 안으며 반갑게 인사했다. 수업이 끝나고 예정에 없던 저녁식사를 하며 못다 한 이야기꽃을 피웠다.

"어떻게 지내고 있어요?" 캐묻는 것처럼 보이지 않기 위해 호기심을 애써 감추며 물었다. 별다른 유도질문 없이도 캐럴린은 기꺼이 자신의 이야기를 쏟아냈다. 그녀는 지금까지 여러 번 장애물에 부딪히기도 하고 유턴을 하기도 했다고 털어놓았다. 하지만 끈질기게 길에서 벗어나지 않았고 마침내 빚을 모두 청산했다고 말했다. 이제 모아놓은 유급휴가로 방랑벽을 마음껏 충족시키고 있다고 했다! 가끔 원하는 것만큼 즉흥적으로 행동하지 못할 때가 있다고 덧붙였다. 하지만 이런 기분에 발목 잡히는 대신 그녀는 '발목 잡혔다'라는 스토리에 질문을 던지고 반복되는 일상을 벗어날 수 있는 다른 방법을 찾는다고 말했다. 예를 들어, 계획에 없던 '병가'를 내고 하루 종일 집에서 하고 싶은 일을 하기도 한다고 했다.

"규칙을 아주 살짝만 어기면서 규칙 따위 무시하고 자유롭게 살고 싶어 하는 자아를 달래고 있어요." 그녀가 고백했다. 또한 그레고리라는 이름의 남성을 만나 1년 조금 넘게 연애 중이라고 말했다.

내 앞에 앉은 여성은 이제 다른 종류의 자유를 만끽하고 있었다. 그녀를 처음 만났을 때 그녀가 말했던 '자유'는 겉에서 보기에는 용감해 보였지만 사실 두려움 위에 지어진 삶이었고 빚이나 자신의 삶을 위한 선택에서 도망치는 인생이었다. 새로운 캐럴린은 완전히 다른 사람이었다. 두려움을 마주했고 당당하게 결정함으로써 자유를 찾았다. 그녀에 관한 스토리 중에서 어떤 것을 믿을지도 스스로 선택했다. 예전에는 '한 직장에 다니다 보면 갇힌 듯한 기분이 들 거야'라는 두려움에서 비롯된 오래된 스토리를 믿었다. 하지만 이제 그녀의 스토리는 훨씬 더 광범위했다. '이 일에는 책임이 따르지만 더 큰 자유를 누리고 있어.'

제한적 스토리를 파악하고 질문하고 마지막으로 재구성함으로써 모든 것을 바꿀 수 있다. 원하는 것을 얻기 위해 꿈꿨던 힘이 바로 여기서부터 시작된다. 두려움이 유발하는 낡은 습관과 사고방식을 얼마든지 바꿀 수 있다.

이제 용기 습관 과정의 각 단계가 상호 강화 작용을 한다는 것이 보이기 시작할 것이다. 잠시 멈춰서 몸에 집중하는 것이 첫 번째 단계이다. 이를 통해 두려움이라는 감정에 초점을 맞추고 두려움이 유발하는 행동을 자동으로 하지 않기 위해 주의를 기울일 수 있다. 다음으로 내면에 있는 비평가의 말을 감정 없이 들어야 한다. 구체적으로 어떤 두려움을 느끼는지 알 수 있다. 마지막으로 스토리를 파악하고 재구성하는 또 하나의 강력한 도구를 활용할 수 있다.

용기 습관에서 이제 마지막 단계만을 남겨놓고 있다. 연구조사 결과 새롭게 형성된 습관을 굳히는 데 가장 효과적인 방법이라고 밝혀진 단계이다. 앞서 익힌 방법들을 보다 넓은 맥락, 즉 외면을 중심으로 연습할 수 있도록 도와줄 것이다. 또한 가장 재미있는 단계이기도 한데, 그것은 바로 커뮤니티를 만드는 것이다.

6장

커뮤니티 만들기

난생처음 온라인으로 강의를 하게 되었을 때의 일이다. 일상에서 용기를 훈련하는 방법을 알려주는 강의였다. 그러나 잔뜩 기대했던 것과는 달리 내 뜻대로 되는 게 하나도 없었다. 강의를 시작할 때만 해도 아주 좋았다. 국적도 다양한 60여 명이 강의를 신청했던 것이다! 온라인 포럼이 열렸고 사람들은 자기소개를 하며 서로 인사를 주고받았다. 나는 앞으로 펼쳐질 멋진 일들에 흥분해 밤마다 잠이 오지 않을 지경이었다. 강의를 맡게 되었고 사업도 잘되고 있었으며 무엇보다 내가 좋아하고 또 굳게 믿고 있는 분야에서 일하고 있다니!

하지만 강의가 시작되고 일주일 정도가 지나자 내 열의와 자존심은 큰 충격에 휩싸였다. 수강생 수가 점점 줄어들고 있었다. 2주차를 마무리할 때쯤에는 겨우 절반 정도가 온라인 포럼에 강의에 대한 의견을 올렸다. 나머지는 일대일로 이메일을 보내 강의 내용에 대한 생각을 나와 공유했다. 문제될 건 없었지만 내가 기대했던 활발한 커뮤니티 토론과는 거리가 멀었다.

그러던 어느 날 나를 바닥으로 곤두박질치게 하는 일이 벌어졌다. 강의가 시작되고 3주차에 접어들고 있었는데 누군가 환불을 요청하는 이메일을 보내왔다. 그 순간 나는 내가 강의 운영을 잘 못하고 있다고 생각했다. 사람들이 활발히 교류하도록 환경을 제공하지 못한 내 능력 부족이 원인이라고 말이다(말하자면 '나는 부족해'라는 스토리다). 내가 하고 있는 일, 해야 하는 일, 그리고 더 잘할 수 있었던 일들에 집착하는 동안 두려움과 불안은 걷잡을 수 없이 커졌다. 8주가 지나고 강의가 마무리될 때쯤에는 저조한 참여도로 인한 압박감이 너무 큰 나머지 강의가 끝나서 정말 다행이라고까지 생각했다.

용기를 몸소 보여줘야 할 사람은 바로 나였지만, 솔직히 말해 낙오자처럼 느껴졌다. 무엇보다 강의를 들었던 사람들 사이에 활발한 교류가 없었다. 나는 새로운 강의를 하는 것이 무서웠다. 당시 휴직한 상태였던 터라 모아둔 돈으로 생활하고 있었고 신용카드 빚이 빠르게 늘어가는 중이었다. 영화에서는 위험 뒤에는 언제나 큰 보상이 주어지던데, 왜 내 계획대로 되지 않았던 것일까?

몇 주가 지나고 나는 맥케이브라는 이름의 친구를 만났다. 그녀는 수년간 강의와 워크숍을 진행해온 베테랑으로 마침 샌프란시스코를 방문 중이었다. 우리는 도시를 걷고 사진을 찍으며 하루를 보냈다. 이후 차이나타운에 들러 차를 마시는데 그녀가 어떻게 지내느냐고 물었다. 나는 숨을 깊게 들이마셨다.

"좋은 쪽으로 생각하려고 노력은 하는데, 프리랜서로 성공할 수 있을 거라고 믿었던 내 자신이 너무 바보 같아 보여요."

이런 말을 하려니 기분이 썩 좋지 않았지만, 동시에 약간은 마음이 놓였다. 마침내 진실을 말할 차례인가. 나는 그녀에게 뜨뜻미지근한 사람들의 반응과 내가 얼마나 무서웠는지 털어놓았다.

"잠깐만요, 케이트. 다시 한번 천천히 말해봐요. 몇 주짜리 강의였고, 신청한 사람과 출석한 사람은 모두 몇 명이었죠?"

맥케이브의 물음에 나는 대답했다.

"8주 동안 진행되는 강의였고, 처음에는 60명이 신청했어요. 한 사람은 환불을 요청했고요. 3분의 1 정도는 단 한 번도 참여하지 않았어요. 참여했던 사람들은 초반에는 좀 참여하더니 나중에는 말도 잘 안 했던 것 같아요. 나머지 사람들은 교류하기보다 주로 이메일로 강의를 들으면서 느꼈던 점이나 개인적인 학습 상황을 말해줬어요. 내가 뭘 잘못했는지 모르겠어요. 사람들에게 계속 공유하라고 말했는데……."

"잠시만요." 맥케이브가 암산을 하느라 눈살을 찌푸리며 말했다. 처음에는 너무 신이 나서 잠을 못 자다가 나중에는 걱정하느라 잠을 못

잤다는 생각에 너무 부끄러웠다. 내면의 비평가가 시끄럽게 떠들어댔다.

'강의를 어떻게 운영해야 하는지 나는 아무것도 몰랐던 거야. 사업 경험도 없어. 용기를 연습하겠다며 꿈만 꾸고 즉흥적으로 강의를 개설하더니, 꼴좋다.'

빠르게 암산을 마치더니 맥케이브가 깊은 자기반성에 끼어들며 말했다.

"그러니까, 기본적으로, 환불 비중이 2%네요? 그리고, 3분의 1은 전혀 참여하지 않았다고 했으니까, 나머지 3분의 2는 강의에 참여했겠군요. 그럼 적어도 전체 인원의 66%가 참석한 셈이네요?"

"그게." 방심하고 있던 내가 당황하며 말했다. "그렇긴 한데, 그룹 전체로 보자면 대부분의 사람들이 별로 참여하지 않았어요."

이렇게 말하자 맥케이브가 내 팔을 잡고 눈을 마주치면서 말했다.

"케이트. 나는 지금 당신 기분을 과소평가하려는 건 아니에요. 그런데 이게 얼마나 좋은 결과인지 알고 있어요? 대다수의 사람들이 어느 정도는 참여한 거잖아요. 모든 사람이 겉으로 드러나는 방식으로 참여하지는 않아요. 어쩌면 내성적인 사람들이 많은 집단이었을지도 모르고요. 당신은 정말 잘한 거예요, 케이트. 전체 인원 중에서 딱 한 명이 환불을 요청했어요. 진심으로 당신이 성공이라고 여겼으면 좋겠어요. 특히 생전 처음 한 강의라고 생각하면 더더욱 그래요."

지금까지 두려움이 일으킨 내 완벽주의자 성향에 끌려 다녔다는 사실을 온전히 깨닫는 데 1분이 걸렸다. 성공적인 강의를 만드는 비법을 그녀만큼 잘 아는 사람은 없었다.

"하지만 사람들 간에 교류가 거의 없었어요." 나는 너무나도 생생한 실패의 감정과 방금 들은 새로운 정보를 어떻게 연결해야 할지 몰라 고민하면서 말했다. "어떻게 사람들이 하나의 그룹으로서 서로 소통하게 만들 수 있죠?"

"먼저 이것부터 대답해봐요." 맥케이브가 말했다. "당신이 가르치는 용기의 교훈이 개개인만큼이나 그룹에게도 똑같이 중요할 거예요. 그런데 사람들이 뭉치는 게 강사인 당신한테 왜 그렇게 중요한 거죠? 사람들이 하나의 그룹으로 단합하면서 어떤 점을 배울 수 있나요?"

잠시 나는 머리로는 너무나도 잘 알고 있는 점을 선뜻 설명하지 못해 애를 먹었다. 하지만 이내 이렇게 설명했다.

"용기를 연습하려는 사람들이 서로 교류하는 건 우리가 지금 대화하고 있는 것과 같은 이유에서 대단히 중요해요. 힘든 시기를 겪으면서 혼자라고 느낄 때 당신의 기분을 '이해'하는 누군가가 있다는 사실을 알아야 해요. 좋은 일이 있을 때는 혼자 또는 당신의 상황을 잘 모르는 사람들보다는 여기까지 오기 위해 얼마나 노력했는지 공감해주는 사람들과 함께 축하하는 것이 훨씬 더 즐겁죠."

그러자 맥케이브가 말했다. "정리하자면 이런 거군요. 하나의 그룹으로서 사람들이 서로에게 의지하지 않은 이유는 당신과 이메일을 주고받으면서 각자 자신이 필요로 하는 지지를 제공받았기 때문이에요. 그들의 입장에서 보면 어려울 때 의지할 수 있는 사람도, 함께 축하할 사람도 당신이었어요. 다음번에는 강의하면서 사람들이 서로 교류할 수 있도록 유도해보면 좋겠네요. 케이트, 비록 당신이 계획한 대로 되지는 않았지만 당신은 강사로서 해야 할 역할을 충실히 했어요."

용기를 가르치겠다는 사람이 용기에 대한 가르침을 받다니! 그날 나는 나부터 사람들에게 다가가기를 망설였다는 점을 깨달았다. 어쩌면 몇몇 사람들도 나처럼 망설였을지 모른다. 나도 모르는 사이에 두려움을 마주하면 나타나는 반응이 습관으로 자리 잡혀 있었던 것이다. 스스로 깨닫기 위해 혼자서 끊임없이 훈련하고 노력했지만 두려움에서 비롯되는 행동들에 여전히 발목이 잡혀 있었다.

정말로 용기 있는 삶을 살려면 용기의 가치를 존중하려고 노력하는, 나와 뜻이 비슷한 사람들이 주변에 있어야 한다. 왜 그럴까? 무엇보다 그러한 커뮤니티를 형성하면 어려운 상황에 부딪혔을 때 의지할 수 있다. 우리는 종종 눈앞에 있는 것을 놓치기도 한다. 그래서 나와 비슷한 훈련을 하는 사람들이 내가 진실을 발견할 수 있도록 주변에서 도와주어야 한다. 맥케이브가 나를 위해 그랬던 것처럼 말이다. 가장 중요한 점은 나만의 개인적인 '용기 있는 커뮤니티'에 누가 속해 있는지 알아야 한다는 점이다. 축하할 일이 생겼을 때 우여곡절을 함께 겪고 힘든 날에도 영광스러운 날에도 곁을 지켜준 사람들과 같이하면 훨씬 더 즐겁다. 나를 진정으로 이해해주는 사람에게 내 경험을 말하는 것이 훨씬 더 만족스럽다. 간단히 말해, 커뮤니티를 만드는 것은 한층 더 나은 삶으로 향하는 여정의 일부이다.

습관 형성에 관한 연구자료를 보면 사회적 지지에 대한 욕구가 잘 입증되어 있다. 『습관의 힘』의 저자 찰스 두히그는 이렇게 설명한다. "살아온 날들을 되돌아보면 대부분의 사람들에게 엄청 중대한 순간이나 삶을 완전히 뒤바꾸는 불행이 있는 것은 아닙니다. 오로지 커뮤니티만 있을 뿐입니다. 어떨 때는 구성원이 단 두 명이에요. 하지만 이들 때문에 변화할 수 있다는 믿음이 생긴답니다." 그는 집단에 속해 있으면 변화가 더 쉽다는 사실을 증명한 1994년의 하버드대학 연구에 대해서 이런 글을 썼다. "한 여성은 심리학 수업에서 멋진 집단을 만나면서 인생이 완전히 바뀌었다고 말했다. '판도라의 상자가 열렸죠.' 여성은 연구원들에게 말했다. '더는 현 상황을 용납할 수 없었어요. 제 중심을 통째로 바꾸었어요.'"

용기 습관을 통해서 당신이 하는 일은 바로 자기회의와 망설임으로 가득한 현재 삶을 더는 용납하지 않는 것이다. 당신은 지금 중심을 바꾸고 있다. 주안점과 가장 용기 있는 자아를 정의한 다음 오래된 습관의 고리를 변경했으며 완전히 새로운 삶의 길을 선택했다. 지금까지 당신이 한 모든 일, 즉 가장 용기 있는 자아를 정의하고 몸에 집중한 다음 감정 없이 귀 기울여 제한적 스토리를 재구성했던 훈련들이 이 순간을 위해 당신을 단련시켰다.

당신의 변화를 지지하는 용기 있는 커뮤니티를 형성함으로써 사람들이 변화를 믿게끔 할 뿐만 아니라 정말로 가능하다는 것을 보여줄 것이다. 이를 위해 먼저 '용기에 기반한' 관계에 대한 몇 가지 특성들을 살펴본 다음 용기 습관의 처음 세 단계가 더욱 연결된 삶을 만드는 데 어떻게 활용되는지 들여다본다. 또한 당신 혹은 당신이 추구하는 변화에 비협조적인 사람들이 표출하는 부정적 영향에서 어떻게 벗어나는지를 다룰 것이다.

용기에 기반한 관계를 형성하라

용기 습관의 네 번째 단계인 '커뮤니티 만들기'란 결국 당신의 원대한 꿈 그리고 변화를 위한 욕망을 지지하는 관계를 찾아내거나 만드는 것이다. 기존에 있던 관계를 적극적으로 강화하는 동시에 현재의 삶을 반영하는 새로운 관계를 맺게 된다. 관계 전문가이자 저자인 샤스타 넬슨은 『우정은 그냥 생기지 않는다!Frienships Don't Just Happen!』(2013)라는 책에서 "친구와의 관계가 현재 나라는 사람에게 의미를 가지도록 꾸준히 노력을 기울여야 한다"라고 설명한다.

용기 있는 커뮤니티의 구성원 중에는 물리적으로 멀리 떨어져 있는 사람이나 한 번도 만난 적 없는 사람들이 포함될 수 있다. 이러한 사람들을 '커뮤니티'라고 생각하는 이유는 그들이 한곳에 모이기 때문이 아니다. 그보다는 서로에게 손을 내밀고 도움을 주고받으면서 적극적으로 용기를 연습하고 두려움을 극복하는 사람들과의 용기를 기반으로 한 관계가 개인 커뮤니티 안에 모이게 되기 때문이다.

용기를 기반으로 한 관계에 있는 사람들은 편리하다는 이유만으로 서로 교류하지 않는다. 그들은 용기를 훈련하는 과정 안에서 함께한다. 매일 일상적으로 소통하는 사람들을 생각해보면 이미 용기를 기반으로 한 관계가 있을 수 있다. 또는 '편리함의 관계'에 해당하는 사람들도 있을 것이다. 명절에나 만나는 특별히 친하지 않은 친척, 퇴근시간이 같아 함께 술을 마시는 직장동료, 아이들이 친하기 때문에 집으로 종종 초대하는 엄마들 등을 예로 들 수 있다. 우리는 모두 편리함의 관계를 맺는다. 나쁜 것은 아니지만 필요할 때 진실되게 의지할 수 있는 관계라고 보기 어렵다. 헬스장에서 가볍게 인사하는 사람들은 당신과 소통하는 좋은 사람들일 테지만, 풍파와 우여곡절을 함께 헤쳐 나가며 끈끈한 유대감을 맺는 사람들은 아니라는 말이다.

커뮤니티 형성이라는 용기 습관의 마지막 단계를 연습하려면 먼저 누구에게 손을 내밀 수 있는지를 알아야 한다. 용기를 기반으로 한 관계 중에서 용기를 함께 훈련하는 커뮤니티를 함께할 만한 사람은 누가 있을까? 어떤 사람이 힘들 때 당신의 곁을 지킬 것인가? 어떤 관계가 용기를 기반으로 하고 있는가? 꿈을 좇는 동시에 가장 용기 있는 자아가 당당히 모습을 드러내도록 위험을 감수하며 인생이라는 게임을 하고 있는 사람이 또 있는가?

내 주변에는 누가 있을까?

훈련을 시작하기 전에 심호흡을 하면서 몸에 집중한다. 주기적으로 교류하는 사람들을 떠올려보자. 함께 사는 사람들, 직장동료, 슈퍼마켓이나 봉사활동, 교회, 운동 교실에서 마주치는 사람들, 가족 및 친지, 온라인 커뮤니티 회원 등이 있다.

이제 다음 질문에 솔직하게 대답해보자. 이러한 사람들 중에 당신처럼 가장 용기 있는 자아를 당당히 드러내는 이는 누구인가? 마음 가는 대로 대답하면 된다. 삶에서 더 큰 목표를 추구하고 있다고 생각되거나 그랬으면 좋을 것 같은 사람들의 이름을 적어보자. 목표가 대담하지 않을 수도 있지만 선택한 삶의 방식을 보면 의도적이고 남을 잘 챙기며 응원을 아끼지 않을 것 같은 사람들을 떠올려보자. 생각나는 모든 이름을 적어보자.

그런 다음 목록을 훑어보면서 가장 유력한 후보들을 간추려보자. 삶의 방식에서 용기의 가치를 존중하는 사람들을 선택하면 된다. 목록에 있는 사람들이 관계를 강화하고 서로에게 지지하는 '먼저 손 내미는' 행동을 하는지 자문해보자. 아래에 나오는 예시는 먼저 손 내미는 사람들이 어떤 모습인지를 잘 보여준다. 그들은 주로 다음과 같은 행동은 한다.

- 드러나는 이미지를 고수하는 대신 약점을 드러낸다. 모든 것이 완벽한 척하는 대신 어렵거나 힘들다고 인정한다.

- 불만스러운 대신 긍정적이다. 그들도 인간이기에 가끔은 화도 내고 불평도 한다. 하지만 평소에는 잘못된 것들을 곱씹으며 한곳에 정체되어 있는 대신 문제 해결에 힘쓴다.
- 조언하는 대신 공감한다. 화가 나는 일에 대해 이야기하는 상대방에게 개선을 위한 조언을 하는 대신 감정을 헤아린다.
- 비난하는 대신 온정을 베푼다. 당신이나 다른 사람에 대해 험담하거나 판단하지 않으며 헐뜯는 일도 없다.
- 엄격한 사랑 대신 친절함을 보인다. 어려움은 극복하라며 차갑게 말하는 대신 부드럽게 쓴소리를 하되 상대방에게 도움이 되도록 뜻을 잘 전달한다. 예컨대 맥케이브는 내가 스토리에 빠져 있다는 것을 더 빨리 알아차리지 못해 스스로 바보 같다고 느끼도록 만드는 대신 친절하고 부드럽게 지적했다.

이 훈련을 통해 작성한 최종 목록에는 서로 성격이 완전히 다르거나 공통 관심사가 전혀 없는 사람들이 포함될 수 있다. 그러나 모두 한 가지 공통점이 있을 것이다. 바로 모든 커뮤니티에 필수적인 먼저 손 내미는 행동을 직접 실천한다는 것이다. 우리는 이러한 행동들을 높이 평가하면서도 '아, 맞아. 내 사람들이 맞구나. 이 사람들이 도와주면 삶의 큰 변화도 이룰 수 있을 거야'라고 생각하는 대신 당연하게 생각한다. 어쩌면 아직은 친하지 않은 사람들일 수도 있다. 하지만 괜찮다. 이번 장에서 이러한 사람들과 더 가까운 관계를 맺는 방법을 배우게 될 것이다.

이 훈련을 처음 했을 때만 해도 내가 작성한 목록은 꽤 짧은 편이었다. 특히 내 경우에는 더욱 어렵다고 느껴졌다. 당시 내가 믿고 있던 스토리는 다음과 같았다. '내 주변에는 훌륭한 사람들이 없어. 왜냐하면 훌륭한 사람들이 나와 함께하고 싶어 할 만큼 내가 멋진 사람이 아니니까.' 스토리를 파악한 후에는 여러 번 재구성해야 했다. 그러면서 내가 기존의 관계를 더욱 강화하거나 나와 가치관이 같은 새로운 사람을 만날 때까지 시간이 걸릴 수도 있다는 점을 받아들였다.

기존 관계를 더욱 개선하고 나와 가치관을 공유하는 새로운 사람들을 만나기 위해 나는 스스로를 살펴보고 말과 행동이 일치하는지 점검해야 했다. 또 용기를 기반으로 하는 관계 안에서 상대방과 서로 지지하고 돕기 위해 나는 내가 남들한테 기대하는 먼저 손 내미는 행동을 직접 실천해야 했다. 나와 함께 이러한 행동을 하는 사람들로 개인적인 용기 있는 커뮤니티를 채우고 싶었다. 처음에는 커뮤니티의 규모가 작았다. 당신도 마찬가지라면 실망감에 빠지는 대신 앞으로 목록이 길게 늘어날 것이라고 기대해도 좋다.

커뮤니티에 포함시킬 이름들이 너무 많다고 생각하는 사람도 있을 테고 기준에 부합하는 인물이 아무도 없다고 여기는 사람도 있을 것이다. 어느 쪽이든 희소식은 지금까지 연습해온 용기 습관의 전 단계를 통해 당신은 기존의 인간관계를 강화하거나 새로운 관계를 맺을 수 있는 초석을 다졌다는 것이다. 익숙한 곳에서부터 시작해보자. 몸에 집중하고 감정 없이 듣고 마지막으로 제한적 스토리를 재구성하는 용기 습관의 세 단계를 연습해보자. 그리고 이번에는 처음 세 단계를 적용하는 새로운 단계를 더해보자. 바로 먼저 손 내미는 행동이다.

예컨대 새로운 사람을 만나거나 커뮤니티를 확장하고 싶은데 소극적이고 내성적인 사람이라면 새로운 관계를 맺기 위해 어디를 가야 할지 잘 모르겠고 불안할 것이다. 그렇다면 먼저 몸에 집중하면서 두려움이 느껴지는 곳을 파악하고 전신 스캔을 통해 불안한 감정에 대해 몸이 전달하는 신호를 잘 살펴보자. 마음먹은 대로 일이 잘 안 되거나 사교성이 부족하다고 말하는 비평가의 목소리에 감정 없이 귀 기울여보자. 그런 다음 제한적 스토리를 재구성한다. 원래 스토리가 '나는 원래 사교적인 사람이 아니야'라면 '사람들과 함께 있을 때 어색하지만, 좀 어색하게 굴어도 괜찮아'로 재구성할 수 있다. 사교성을 발휘해야 하는 순간에 비평가가 의사소통 능력을 비판한다면, '다시 말해주세요' 전략을 활용해보자. 제대로 못하고 있다고 지적하는 스토리를 전부 마음속으로 재구성해보자. 새로운 사람을 알아가는 과정이라면 비난 대신 동정심을 베풀거나 조언 대신 공감하는 등 먼저 손 내미는 행동을 연습해보자.

반대로 당신이 성격이 외향적이고 아는 사람도 많은데 그다지 깊은 관계가 없는 편이라고 가정해보자. 어쩌면 친척 중에 자주 얼굴을 붉히던 사람이 있을 수 있다. 이런 사람과 교류할 때는 쉽고 가벼운 대화를 나누기보다는 당신의 인간적이고 빈틈 있는 모습이나 약점에 대한 이야기를 더 많이 할 준비를 하는 것이 좋다. 상대방이 당신과 비슷한 약점과 용기로 대응한다면, 축하한다! 반대로 인간적이지 않은 방식으로 대응하거나 먼저 손 내미는 행동도 연습하지 않는다면 제한적 스토리가 등장할 수 있다. '어쩌면 앞으로 절대 바뀌지 않을 거야' 또는 '이 사람에게 약점을 드러내다니 정말 어리석었어'라는 스토리일 수 있다. 스토리를 재구성하고 먼저 손 내미는 행동에 관심 있는 다른 사람을 열심히 찾아보자.

모든 용기 습관 단계는 용기를 내기 위한 당신의 내면 활동과 진실된 용기에 기반한 관계를 맺고자 하는 외부 활동을 모두 탄탄하게 뒷받침한다.

관계와 몸에 집중하기

이번 장을 쓰면서 관련 내용이 필요 없는 독자도 있겠다는 생각이 들었다. 이미 의지할 수 있는 사람들이 충분히 있어 어떻게 하면 더 많은 지지자를 만들 것인가라는 질문이 불필요하게 느껴지는 사람도 있을 것이다. 당신도 이 중 한 명이라면, 어려울 때 힘이 되는 훌륭한 관계를 이미 맺고 있다는 점이 매우 자랑스럽다!

반면 탄탄하고 유익하며 도움 되는 관계가 부족하다고 느끼는 사람들도 있을 것이다. 앞서 나온 '편리함의 관계'의 예시를 읽으면서 고개를 끄덕였을 수 있다. 예전부터 소극적이었거나, 인구가 적은 곳에 살고 있거나, 대부분의 사람들이 완전 정반대의 가치관이나 관심사를 가지고 있어 비슷한 목적을 가진 사람을 찾는 것이 어려울 수도 있다.

어느 쪽에 속하든 늘 새로운 관계를 맺을 수 있다. 먼저 주안점과 가장 자신 있는 자아의 욕망으로 돌아가보자. 모든 욕망에는 새로운 관계를 맺거나 커뮤니티를 확장시킬 수 있는 기회가 내장되어 있다. 몇몇 사람들의 경우 주안점을 달성하려면 더 많은 사람과 관계를 형성해야 한다. 예를 들어, 인생의 목표가 사업이라면, 비즈니스와 마케팅에 대해 잘 알고 있는 사람과 좋은 관계를 형성하는 것이 중요하다. 고객과의 관계는 말할 것도 없다.

잠시 멈추고 주안점을 살펴보자. 진실되고 따뜻하며 용기 있는 습관과 삶을 만드는 데 관심이 많은 사람과 관계를 형성한다면 어떤 도움이 될까? 각 주안점 옆에 이상적인 인간관계를 적는 것도 좋은 방법이다. 앞서 소개했던 바쁜 전업주부 자넬은 이러한 질문에 답하는 과정에서 자신이 정한 엄격한 엄마의 기준을 낮추려면 남편의 도움이 필요하다는 사실을 깨달았다. 테일러는 이러한 질문을 받았을 때 그녀가 우러러보고 친해지고 싶었지만 쑥스러워서 먼저 다가가지 못했던 동료 사진작가들에 주목했다.

커뮤니티를 만드는 마지막 단계를 훈련하려면 먼저 다가가는 것을 적극적으로 연습해야 한다. 종이 위에서뿐 아니라 실전에서도 마찬가지다. 이를 효과적으로 보여주기 위해 '연습상대'를 정하라고 제안한다. 책에 나온 훈련뿐만 아니라 밖에서 연습할 때도 이 연습상대를 항상 염두에 두고 있어야 한다. 테일러는 훈련을 위해 특정 사진작가를 연습상대로 정했다. 캐럴린은 자라면서 거의 볼 수 없었던 아버지를 연습상대로 정하고 훈련에 임했다.

잠시 시간을 투자해 연습상대로 누가 적절할지 생각해보자. 일상에서 더욱 끈끈한 관계를 형성하고 싶은 사람은 누구인가? 혹은 누구와 좀 더 친해지고 싶은가?

이 과정에 거부 반응이 나타날 수 있으므로 주의해야 한다. 가장 취약한 부분일수록 거부 반응이 심해지는데, 인간관계는 사람들이 특히 취약한 영역이다. 이번 장을 건너뛰고 싶은 충동이 들거나 '너무 오글거려서' 훈련들을 끝까지 완료하지 못하겠다면, 두려움에 대한 반응이라는 점을 인지해야 한다. 먼저 손 내미는 훈련은 모든 용기 습관을 한데 모아놓은 집대성이나 다름없다. 이상하고 오글거리거나 불안하고 겁을 먹는 것은 과정의 일부에 불과하다. 하고 싶은 대로 두려움이 유발하는 행동을 따를 생각이라면 신호-행동-보상 고리를 잊지 말고 반드시 집중해야 한다. 이번 훈련을 위한 목표와 가장 용기 있는 자아의 욕구를 다시 한번 떠올려보고 힘들어도 길을 따라 나아가는 것이 왜 중요한지 생각해보는 것이 도움이 될 수 있다.

몸에 집중함으로써 인간관계와 관련된 용기 습관 단계를 활용할 수 있다. 이는 연습상대에 대한 진짜 감정과 비평가가 어떤 말을 하는지 파악하기 위해 정보를 수집하는 수단이기도 하다. 부담을 갖지 말고 연습상대가 주변에 있으면 어떤 기분이 드는지 또는 연습상대에게서 어떤 감정이 읽히는지 등 그 사람을 떠올리는 동안 자신에게 어떤 변화가 일어나는지 관찰해보자. 동시에 호흡하면서 몸에 일어나는 변화를 예민하게 감지해야 한다.

처음에는 행동을 바꾸겠다는 초기 목적은 고려하지 말고 오로지 몸에만 집중한다. 그저 변화를 읽어내는 데에만 초점을 맞추자. 연습상대를 떠올릴 때 호흡이 어떤가? 호흡에 변화가 있는가? 몸은 어떤 상태인가? 연습상대와 꿈과 목표에 대해 이야기하는 모습을 상상하면 어깨나 목이 어떻게 반응하는가? 상대방이 자신의 꿈과 목표에 대해서 이야기하는 상상을 하면 몸에 어떤 변화가 나타나는가? 이 사람과 눈을 마주치면 편안한 기분인가 아니면 두려운가?

호기심, 흥분, 동지애, 완전히 노출된 기분, 현실감, 편안함, 무거움, 피로 또는 불안과 같은 감정에 주목해야 한다. 그런 다음 종이 위에 적고 어떤 통찰력을 찾을 수 있는지 살펴보자.

관계와 감정 없이 듣기

앞 장에서 우리는 감정 없이 듣는 연습을 했다. 비평가의 목소리에서 도망치는 대신 의도적으로 귀 기울임으로써 비평가의 두려움, 불안 그리고 상처를 파악하는 과정을 거쳤다. 감정 없이 비평가의 말을 듣고 그것이 '사실'이라고 생각하지 않는 훈련을 통해 비평가의 상처를 치유하고 스토리에서 벗어났다.

이제 연습상대를 떠올리며 같은 방식으로 훈련할 순서다. 비평가가 연습상대에 대해 무슨 말을 하는지 집중해보자. 연습상대가 친해지기 좋은 사람인지 아닌지에 대한 비평가의 의견도 엿볼 수 있다. 더 친해져야 한다는 두려움이 생기거나 비평가가 비난을 퍼부어도 부정적인 생각을 허공으로 내보내야 한다. 비평가의 말을 받아 적은 다음 세 번째 단계인 제한적 스토리 재구성 훈련에서 활용해보자.

관계에 관한 스토리

몸에 집중하고 감정 없이 듣는 과정을 거친 후에는 감정의 외부 표출을 방해하는 내면의 스토리로 훈련의 초점을 옮겨보자. 지금까지 당신은 아무런 감정을 느끼지 않고 비평가가 하는 말을 들었다. 가장 근본적인 스토리는 무엇인가? 연습상대 혹은 다른 사람과 더욱 가까워지는데 어떤 비판이 방해되었나? 바보 같거나 혹은 고립된 기분이 들게끔 만드는 비평가는 당신의 선천적 한계점에 대해 무슨 말을 하는가?

다음은 고객과 상담할 때 자주 듣는 스토리로, 이는 다른 사람에게 먼저 다가가지도, 그들을 진실되게 바라보지도 못하게 방해한다.

"내 문제로 다른 사람에게 짐을 지우고 싶지 않아."

"나는 흥분하거나 신이 나면 기분이 이상하고 남의 시선이 신경 쓰여. 그래서 다른 사람에게 기쁜 소식을 전하기 전에는 먼저 나 자신을 '진정'시켜야 해."

"사람들이 나를 동정할 거야. 다른 사람들이 동정하는 거 정말 싫어."

"내 인생이 얼마나 엉망진창인지 알려지면 정말 바보가 된 기분일 거야."

"화가 나거나 스트레스를 받은 상태에서 남들에게 먼저 다가가면 그게 진짜 내 모습이라고 생각할 거야."

"내가 누구인지 또 내 기분이 어떤지에 대해 정말 솔직하게 말하면 과연 나를 받아줄지 모르겠어."

"내가 지금까지 한 다양한 실수들을 전부 보겠네."

"마음을 열고 나에 대해서 더 자세히 말했는데 돌아오는 건 침묵뿐이고 사람들이 내가 하는 행동을 이해하지 못한다면 정말 쪽팔리잖아. 이해 못 할 거라고 확신해."

스토리는 설득력이 매우 강력하다는 사실을 기억하자. 이는 '원래의 방법'에 대한 우리의 가정과 믿음에서 확인할 수 있다. 태어나서 처음으로 가르쳤던 온라인 강의가 원활하게 진행되지 않자 나는 무서웠다. 두려움에 대해 누군가에게 털어놓기까지 왜 그렇게 오랜 시간을 기다렸을까? 시간이 지나고 나서야 내가 방금 말한 이유 때문이라는 것을 알 수 있었다. 누군가에게 짐이 되고 싶지 않았다. 동정을 느껴야 하는 대상이 되는 것도 싫었다. 나는 한 가지 일만 망쳤을 뿐인데 실패한 낙오자 같다는 내 이야기를 듣고 나를 항상 모든 일에 형편없는 사람이라고 생각하는 것도 원치 않았다. 두려움을 솔직하게 이야기해도 아무것도 듣지 못할까 봐 무서웠다. 더 잘했어야 한다는 비난을 받는 것도 두려웠다. 나는 모든 일을 척척 해내는 이미지, 즉 두려움에 대응하는 완벽주의자의 전형적인 행동 패턴에 갇혀 있었다.

나의 스토리는 곧 모든 일을 완벽하게 해내는 이미지를 버릴 수 없다는 것이었는데, 이는 마치 사실처럼 느껴졌다. 솔직히 말해 내 친구가 지적하기 전까지 내가 또다시 이런 행동을 하고 있다는 것을 인지하지 못했다. 같은 맥락에서 순교자가 두려움에 보이는 반응에는 자신의 어려움에 대해서 말하는 것이 매우 이기적이라는 스토리가 깔려 있다. 이 스토리 역시 굉장히 사실처럼 느껴질 것이다. 비관론자 유형의 사람은 타인에게 다가가는 것이 의미 없다고 믿는다. 파괴자의 경우 대개 다른 사람에게 선뜻 다가가지만, 결국 의지할 수 없는 사람을 선택함으로써 타인에게 먼저 손 내미는 과정 자체를 망가뜨린다. 아니면 타인에게 먼저 다가간 다음 자신의 문제를 대놓고 혹은 은연중에 떠넘기며 과정의 목적을 훼손한다.

앞서 파악했던 두려움에 대한 당신의 반응을 생각해보자. 이러한 행동들은 당신이 타인에게 다가가는 적극성의 정도에 어떤 영향을 미칠까? 이전 장과 마찬가지로 이제 이와 같은 제한적 스토리를 파악하고 재구성할 차례다. 예를 살펴보자.

"내 문제로 다른 사람에게 짐을 지우고 싶지 않아."

"내 인생의 문제는 짐이 아니고 나는 도움 받을 자격이 있어."

"나는 흥분하거나 신이 나면 기분이 이상하고 남의 시선이 신경 쓰여. 그래서 다른 사람에게 기쁜 소식을 전하기 전에는 먼저 나 자신을 '진정'시켜야 해."

"가끔 흥분하면 위축되는데, 날것의 감정이 생생하게 느껴지기 때문이야. 내 있는 그대로의 모습을 전부 남에게 보여줘도 괜찮아."

"사람들이 나를 동정할 거야. 다른 사람들이 동정하는 거 정말 싫어."

"누가 나를 불쌍하게 여길지 아닐지 알 수 없어. 그건 그 사람들의 문제니까. 누군가가 나를 동정한다는 생각이 들면 다른 사람에게 의지하면 돼."

"내 인생이 얼마나 엉망진창인지 알려지면 정말 바보가 된 기분일 거야."

"나는 바보가 아니야. 위축된 것뿐이야. 모든 사람이 다 엉망진창인 인생을 살고 있어."

"화가 나거나 스트레스를 받은 상태에서 남들에게 먼저 다가가면 그게 진짜 내 모습이라고 생각할 거야."

"화났을 때 보이는 내 모습이 평소와는 다르다는 것을 사람들에게 알려주면 돼."

"내가 누구인지 또 내 기분이 어떤지에 대해 정말 솔직하게 말하면 과연 나를 받아줄지 모르겠어."
"내 진짜 모습을 받아주지 않는 관계에서 빠져나올 힘이 내게 있어. 나는 얼마든지 새로운 관계를 형성할 수 있어."

"내가 지금까지 한 다양한 실수들을 전부 보겠네."
"내가 한 실수들은 모두 본다면 오히려 그 사람과 가까워지는 계기가 될 거야."

"마음을 열고 나에 대해서 더 자세히 말했는데 돌아오는 건 침묵뿐이고 사람들이 내가 하는 행동을 이해하지 못한다면 정말 쪽팔리잖아. 이해 못 할 거라고 확신해."
"진심으로 '이해'하는 사람들로 이루어진 용기 있는 커뮤니티 안에서 교류하고 싶어. 수십억 명의 사람들과 함께 살고 있잖아. 어딘가에 있는 누군가는 '이해'할 거야."

파악한 제한적 스토리를 모두 적은 다음 하나씩 재구성해보자. 재구성한 문장이 과장되거나 억지스러울 필요는 없다. 물론 파격적인 재구성을 정말 원한다면 상관없다. 긍정적인 방향으로 천천히 한 걸음씩 내딛는 것이 중요하다.

먼저 손 내밀 시간

연습상대를 활용해 용기 습관의 모든 과정을 관계 형성에 어떻게 적용하는지 알아봤다. 이제 용기 습관의 마지막 단계를 실전에서 응용할 시간이다. 타인에게 먼저 손을 내밀어보자. 어디서부터 시작해야 할까?

앞서 당신은 약점을 드러낼 줄 알고 인정스러우며 긍정적이고 친절하며 공감할 줄 안다고 생각되는 사람들을 목록으로 정리했다. 이들이 바로 용기 있는 삶을 살고 정말로 원하는 것을 추구하는 삶을 사는 데 있어 '당신 주변'에 있는 사람들이다. 그러므로 이제 이들에게 먼저 손 내미는 것부터 시작해보자. 이들이 먼저 다가와 공감과 인정을 베풀 때까지 기다리지 말고 이들에게 선한 마음을 전달할 방법을 찾아보자. 당신의 친구에게 공감, 희망, 그리고 인정을 아낌없이 건네고 친절을 행동으로 보여주어야 한다. 또는 자신감이 없고 위축되어 있는 친구에게 안전한 공간을 제공해보자.

아주 간단한 방법으로 이러한 대화를 시작할 수 있다. 상대방에게 요즘 일어난 일에 대해 묻고 귀를 기울이면 된다. 또는 상대방에게 감사하게 생각하는 부분을 말해주자. 화려한 수상 경력을 자랑하는 챌린지 데이의 공동설립자 리치 그리고 이본 두트라-세인트존이 알려준 질문을 던져도 좋다. '내가 당신을 정말로 잘 알고 있다면, 과

연 무엇을 알고 있는 것일까요?'

이 훈련은 기존의 관계를 강화하기보다는 새로운 관계를 형성하는 데 초점을 맞추고 있다. 이제 일상에서 만나는 모든 사람들과 용기 있는 관계를 형성해보자. 개인적인 도전이라고 생각해보자. 가게 점원에게 간단한 인사말을 건네면서 시선을 맞추자. 직장동료가 불만을 드러내면 그녀의 감정이 타당하다고 말해주자.

고립은 스토리가 될 수 있는 동시에 선택사항이기도 하다. 이제 당신에게는 스토리에 대응할 도구가 있고 타인과의 관계 형성을 선택사항으로 만들 수 있는 도구가 있다. 내 생각에 인생에서 더 많은 관계를 형성하는 것은 우리가 하게 될 가장 용기 있는 행동이다.

어려운 관계라면?

앞서 편리함의 관계와 용기에 기반한 관계에 대해 이야기했다. 하지만 어려운 관계를 건너뛴다면 이번 장을 마무리할 수 없다. 변화를 추구하는 자신의 모습을 타인에게 가감 없이 보여주는 것을 꺼리는 고객들에게 그 이유를 물으면 대개 이런 답변이 돌아온다.

"우리 남편(엄마, 시아버지, 직장상사 등)은 절대로 나를 도와주지 않을 거예요. 그(그녀)는 오히려 비꼬면서 농담을 던질 거예요. (큰 꿈)에 대해서 이야기할 때마다 그(그녀)는 왜 실패할 건지 이유를 모조리 짚어주죠. 그(그녀)는 나처럼 시도했지만 결국 실패한 사람들 얘기를 꺼내요. 그(그녀)는 현실적으로 생각하라고 말하죠. 이 사람이

하는 말에 신경 쓰지 않으려고 하는데, 시간이 지나면 그(그녀)의 말이 맞다는 생각이 들어요. 내 주위에 있는 사람도 설득하지 못하는데 내가 목표를 달성할 수 있도록 계속 동기를 부여할 수 있을까요?"

고객 대부분은 가장 용기 있는 자아가 되는 순간 삶을 공유하는 모든 이들을 위한 거울이 된다는 사실을 깨달았다고 했다. 우리가 야심 찬 선택을 하는 것을 본 주변 사람들은 의도와 관계없이 자신과 비교하게 된다.

"왜 나는 그녀처럼 영혼을 갉아먹는 직장을 때려치우고 내가 정말로 하고 싶은 일에 도전하지 않는 거지? 왜 나는 그녀처럼 옛날부터 생각만 하던 책을 쓰지 않는 거지? 왜 나는 그녀처럼 내게 의미 있는 일을 위해 봉사하지 않는 거지?"

당신이 아는 누군가가 용기 있는 행동을 하는 것을 보고 자극받아 꿈을 이루기 위해 열심히 노력하겠다고 다짐한 적이 있을 것이다. 하지만 어떤 사람은 당신이 용기 있는 행동을 하는 것을 보고 오히려 불안함을 느낄 수 있다. 타인의 불안한 마음을 안타까워할 수 있어야 한다. 타인을 안정시키기 위해 자신의 불꽃을 끄거나 꿈을 포기하지 않도록 주의하는 동시에 타인을 향한 연민을 마음속에 유지하는 것이 당신에게 주어진 숙제다. 어려운 관계에서도 용기 습관을 응용하면 장애물을 뛰어넘을 수 있다. 먼저 다른 사람의 생각에서 벗어나는 것부터 시작해보자.

타인의 생각에서 벗어나라

용기 있는 삶의 방식으로의 변화를 꾀하다 보면 놀랍게도 주변 사람들로부터 긍정적 반응과 부정적 반응을 모두 받게 된다. 두 팔 벌려 환영하고 도와줄 것이라고 생각했던 사람들이 더 나은 모습으로 변하기 위해 애쓰는 당신을 지켜보기 힘들어할 수 있다. 그렇기 때문에 변화를 추구하면서도 이를 부인하거나 일부러 축소해서 말한다. 하지만 별 효과가 없다. 우리가 삶에서 진정으로 원하는 것은 자신에게 솔직한 동시에 타인과의 관계를 유지하는 방법이다. 인생에 있어 변화를 꾀하고 싶은데, 이러한 변화가 다른 사람의 비판으로 이어질 가능성이 있다면 어떻게 해야 할까? 다른 사람의 의견에 신경 쓰지 않는 것이 답일까?

나는 아니라고 생각한다. 타인의 생각에 절대 관심 없다고 주장하는 사람들 대부분도 사실은 신경 쓰지 않는 척하기 위해 엄청난 노력을 기울인다. 마음속 깊은 곳에서는 여전히 타인의 의견에 관심이 많다. 하지만 신경 쓰지 않는 척 노력하다 보면 용감한 척할 때만큼이나 지치고 만다.

나는 다른 방법을 제안하고 싶다. 두려움을 완전히 없애는 것이 바람직하지 않은 것처럼, 누군가가 나를 인정하지 않을 때 상처받는 지극히 인간적인 본성을 완전히 뿌리 뽑는 것은 현명하지 않다. 대신 상처를 직시하고 극복한 다음 다른 사람의 칭찬이나 인정에 휘둘리지 않는 마음가짐을 가져야 한다.

하지만 현실적으로 생각해보자. 진짜 내 모습을 받아들이고 타인에게 용감하고 새로운 나를 보여주는 것은 굉장히 어색한 일이다. 위축될 때도 있을 것이다. 특히 숨김없이 비판하고 지적하는 가족 분위기에서는 솔직하고 용감하며 가식 없는 나를 있는 그대로 보여주기 어려울 것이다. 때문에 우리는 이른바 '도피성' 행동을 고민한다. 하지만 이러한 행동은 오히려 불신을 키우기 십상이다. 안타깝게도 당신의 새로운 삶의 방향에 대한 다른 사람의 생각이나 말을 통제하는 것은 불가능하다. 하지만 진짜 내 모습을 피해 도피하는 대신 의식적으로 일관된 선택을 하고 신뢰를 도모하는 행동을 훈련할 수 있다.

도피성 행동

타인이 자신의 가장 용기 있는 자아를 볼 수 없도록 숨기거나 도피하는 행동에 있어 우리 모두는 다음과 같은 범위 내에 있다. 한쪽 끝에는 궁극적으로 자신의 진짜 모습과 추구하는 삶의 방식을 그대로 드러내는 사람들이 있다. 사소한 도피성 행동이 은근슬쩍 끼어들기도 한다. 성공을 공유하는 것이 부끄럽거나 가끔은 제대로 인정받지 못할까 봐 무섭다. 아니면 꿈을 좇기는 하지만 망설여진다. 먼저 마음속에서 일어나는 큰 전투와 저항을 마주해야 하는 것이다. 반대쪽 끝에 있는 사람들은 어떻게 지냈냐는 질문에 그동안의 노력을 깎아내리거나 무시하고 누가 보는지에 따라 이중생활을 하거나 자신이 힘들면 남에게 전혀 다가가지 못하는 등의 '도피성' 행동을 보인다.

수많은 일상적 행동들처럼, 도피성 행동은 내가 이러한 행동을 하고 있다고 자각하지 못할 만큼 삶의 당연한 일부가 될 수 있다. 도피성 행동의 몇 가지 예를 살펴보자.

- 슬픔 또는 좌절감을 느낄 때는 다른 사람에게 손 내미는 것을 피한다. 이 시기에는 남들 눈에 띄는 것이 부끄럽고 위축된다. '다른 사람을 괴롭히고 싶지 않아'라며 무조건 피하려는 행동을 합리화하지만, 사실 도피하고 있는 중이다.
- 속해 있는 집단과 어울리기 위해 노력하고 있는 자신을 발견한다. 남들에게 의견을 말하지 않고 자신의 진짜 모습 중 얼마만큼을 보여줘도 되는지 계산한다.
- 창의적인 열망이나 약물 중독 극복, 성적 취향, 또는 이혼 위기에 놓인 결혼생활 등 남들에게 인정받지 못할 자아의 일부를 적극적으로 또 의도적으로 감추려고 노력한다.
- 누군가와 시간을 보내고 헤어진 이후에 적절한 말과 행동을 했는지를 걱정한다.
- 솔직해져도 관계가 지속될 것이라는 믿음이 없기 때문에 거슬리는 게 있어도 솔직하게 말하지 않는 등 관계상의 갈등을 피하고자 무엇이든 한다.
- 다른 사람 앞에서 흐트러진 모습을 보이기 싫어서 술을 입에 대지도

않거나(극단적인 예) 술이나 마약에 대한 의존도가 너무 높아 이제는 없으면 긴장을 풀지 못한다(또 다른 극단적인 예). 이와 같은 경우 문제는 술이나 마약 사용(또는 비사용)의 의도와 이면에 있는 스토리이다.

- 사람들은 화가 나도 솔직하게 말하지 않는다고 생각한다. 따라서 함께 의논하고 해결하기 어렵다고 믿는다. 상대방이 화가 나면 결국 우정이 깨지는 결과로 이어진다.
- 사실대로 말하는 것과 관련해 남을 지나치게 의식한다. 그래서 SNS에 보여지는 삶과 실제 삶에 괴리가 있다. 실제 모습보다 SNS에 올라온 모습이 더 행복하고 만족스러워 보인다.
- 먼저 다가와 교류하려는 상대방의 노력에 화답하는 것이 어색해 망설인다.

위에 나온 사례에서 용기 습관을 개인적으로 적용해도 좋다. 하지만 그래도 여전히 관계 형성에서 도피하는 자신을 발견한다면 두려움을 줄일 새로운 방법이 있다. 바로 적당히 하는 것이다. "내 있는 그대로의 모습으로는 모든 사람의 기대를 충족시킬 수 없어. 그러니까 적당히 노력하면 돼. 사람들 기준에서 용납 가능한 선만 지키면서 행동하겠어."

잠시 하던 일을 멈추고 몸에 집중하자. 위에 나온 도피 방법들을 모두 살펴본 다음 스스로에게 물어보자. 내 행동과 가장 비슷한 예시는 무엇인가?

나는 여러 사람들과 이 과정에 대해서 이야기를 나눴다. 내 경험으로 미루어볼 때 사람들과의 관계에서 자신의 가장 용기 있는 자아를 숨기는 정도는 인간관계에서 얼마큼 그리고 얼마나 자주 신뢰가 깨졌는가와 직접적으로 연결되어 있다. 학대 또는 조종당하는 것처럼 관계 속 신뢰가 심각하게 깨지는 경험을 한 사람은 가장 용기 있는 자아로부터 도피하고 타인의 눈에 비친 자신의 모습에 집착할 가능성이 훨씬 크다.

하지만 도피성 행동에 반드시 신뢰가 깨지는 극단적인 경험이 선행된 것은 아니다. 관계의 균형을 유지하거나 비난 또는 조롱을 피하고 진지하게 받아들여지기 위해 우리는 진짜 모습을 감추고 애써 노력한 변화를 대수롭지 않게 말한다. 특히 직장에서 이러한 행동이 더욱 뚜렷하게 나타난다. 다른 사람의 반응으로 상처받을 수 있고 진짜 모습을 드러내면 그에 따른 대가를 치러야 한다는 것을 삶의 경험을 통해 배웠기 때문이다. 심술궂은 직장동료로부터 물리적으로는 안전할지 몰라도 사무실 내 뒷말과 회의에서 대놓고 무시하는 등 감정적으로 안전하지 못하다. 시어머니 옆을 지나가면서 가방으로 공격당할 걱정은 단 한 번도 해본 적이 없을 것이다. 그러나 언제든지 당신을 조롱거리로 만들 수 있다는 것을 인지하고 나면 감정적으로 안전하다고 느끼지 못한다.

우리 자신을 비롯하여 타인과의 관계에서 우리는 신뢰를 도모하는 행동과 불신을 조장하는 행동 중에서 선택할 수 있다. 불신을 부추기는 행동은 마치 커플댄스처럼 다음의 순서에 따라 진행되기도 한다.

1. 우리 자신과 타인을 신뢰하는 것이 어려울 때 안전하다는 느낌을 받지 못하므로 도피성 행동을 한다.
2. 도피성 행동 때문에 우리 자신을 신뢰하는 것이 어려워지고 타인도 나를 신뢰할 수 없다.
3. 우리 자신을 더욱 신뢰하기 어려워지고 타인도 나를 더욱 신뢰하지 못하면서 도피성 행동에 더 많이 의지한다.

이후부터 상황은 매우 급격히 악화한다. 예컨대 직장상사가 당신을 신뢰하지 못해 사사건건 참견한다고 생각해보자. 당신은 그의 자질을 불신하고 비난하기 시작한다. 둘 다 신뢰를 개선하려면 먼저 상대방이 바뀌어야 한다고 생각하기 때문에 대립 상태에 갇히게 된다. 상대방이 양보할 때까지 서로 눈치만 보다가 신뢰를 쌓는 것이 더욱 어려워진다. 두 사람 사이의 신뢰가 회복 불가능한 수준으로 훼손되면 먼저 화해의 손길을 내밀어도 상대방은 진지하게 받아들이지 않는다는 점을 이런 커플댄스를 춰본 적이 있는 사람은 알고 있을 것이다.

그렇다면 이 커플댄스를 어떻게 멈출 수 있을까? 타인과 그들이 보이는 반응을 통제할 수 없기 때문에 우리는 자신이 지금 믿고 있는 스토리를 살펴봄으로써 관계를 바꿔야 한다. 스토리가 도피성 행동을 유발할 수도 있다. 그런 다음 스토리를 재구성해서 도피성 행동을 남들에게 먼저 손 내미는 행동으로 대체해야 한다. 다시 한번 말하자면, 타인은 물론이고 타인의 행동도 통제할 수 없기 때문에 내가 노력하고 있는 변화에 대한 타인의 만족도도 통제할 수 없다. 우리가 영향력을 행사할 수 있는 부분은 다른 사람을 더욱 편하게 하기 위해 자신을 수정하려는 충동 정도이다.

특정 인물이 옆에 있으면 가식적으로 행동하거나 태도를 바꾸는 것에 대해 생각해보자. 중요한 사람과 동행할 때 어떻게 스스로의 행동을 자제하는가? 당신을 응원하지 않는 사람들의 경우는 어떠한가? 일반적으로 부정적인 사람은? 행동을 바꾸고 자신을 자제하며 타인의 의견을 바탕으로 결정하는 행동이 모두 모여 커다란 벽을 이룬다. 두려움이 유발하는 행동 패턴에서 가장 용기 있는 자아로 변화할 때 반드시 무너뜨려야 하는 마지막 장벽이다. 타인의 비난이 견딜 수 없이 고통스러울 것이고, 진실을 말하면 사랑하는 이들로부터 버림받을 것이며, 배우자가 어렵지만 꼭 필요한 대화를 감당할 수 없을 것이라는 스토리는 모두 두려움에서 비롯된 우리의 습관과 내면의 비평가로부터 시작된다.

도피성 스토리

다음 글을 천천히 읽은 다음 도피성 행동에 영향을 줄 수 있는 스토리에 대해 생각해보자. 이를 가리켜 나는 '도피성 스토리'라고 부른다. 질문과 그에 대한 답은 종이 또는 연습지에 적어보자.

1. 스스로에게 다음 질문을 세 번 해보자. 질문할 때마다 잠시 멈추고 깊게 심호흡을 한다. 세 번 질문한 다음에 답을 적어보자. 자신의 답을 검열하지 말고 자유롭게 쓴다. 처음에 적은 내용의 앞뒤가 맞지 않아도 고민하지 말고 답을 써보자. 생각이 끊길 때마다 잠시 멈추고 눈을 감은 후 다시 한번 질문해보자. 질문은 다음과 같다. 인생의 어느 부분에서 도피하는가?
2. 다음 문장을 완성해보자. ________할 때 나는 진짜 내가 될 수 없는데 그 이유는…….
3. 다음 문장을 완성해보자. ________가 일어난다면 내가 감당할 수 있을지 확인할 수 없는데 그 이유는…….
4. 다음 문장을 완성해보자. 만약 사람들이 내가 ________ 것을 알면 나를 싫어할 텐데 그 이유는…….
5. 다음 문장을 완성해보자. 아무도 ________에 관한 문제(금전 문제, 이직하고 싶은 간절한 바람, 성적 열망, 내가 한 엄청난 실수, 논쟁의 여지가 많은 선택 등)를 몰랐으면 좋겠다.
6. 다음 문장을 완성해보자. ________할 때 나는 내가 아닌 다른 사람인 척하는데 그 이유는…….

답을 적었다면 이제 구체적이고 명확한 문장으로 증류시킬 차례다. 그래야 그 밑에 깔려 있는 스토리를 분해할 수 있다. 예컨대 2번 질문에 대해 진짜 모습을 드러낼 수 없는 여러 이유를 적었다면, '내 스토리는 어려움을 겪을 때 나는 진짜 내가 될 수 없다는 것이다'처럼 간결하게 다듬을 수 있다. 또는 5번 질문에 대한 답으로 '아무도 빚이 총 얼마인지에 대한 문제를 몰랐으면 좋겠다'라고 적었다면 이를 '내 스토리는 우리 가족이 엄청난 빚에 시달리고 있을 때 나는 진짜 내가 될 수 없다는 것이다'로 수정할 수 있다. '나는'이 들어간 형태로 문장을 수정하는 이유는 당신에 대한 타인의 판단에 대한 스토리를 재구성하는 것이 타인의 의견을 바꾸는 것보다 더욱 유익하기 때문이다.

위에 나온 '……할 때 나는 진짜 내가 될 수 없다'의 구조로 질문에 대한 답을 다시 적고 나면 스토리가 나열된 리스트가 완성된다. 이러한 스토리는 다른 사람에게 먼저 손을 내미는 대신 도피하고자 하는 충동의 바탕이 된다. 몸에 집중하자. 목록을 살펴보니 어떤 기분이 드는가? 어떤 스토리가 가장 눈에 띄고 '심장이 바닥으로 떨어지는 듯한' 기분이 들도록 하는가?

이 과정의 마지막 단계는 스토리와 마찬가지로 각 문장에 질문한 다음 당신에게 해당하는 스토리를 전부 재구성하는 것이다. 앞서 배운 '스토리 재구성'을 다시 한번 떠올려보자. 힘들거나 고통스러운 상황에 반짝이는 외투를 입히는 과정이 아니라는 점을 기억하자. 스토리 재구성이란 현재 내 위치를 파악하고 긍정적인 방향으로 늘여 가는 것을 말한다. 예를 들면 다음과 같다.

비판적인 사람과 함께 있을 때 나는 진짜 내가 될 수 없다. → 나는 비판적인 사람과 함께 있을 때 도피하고 싶은 충동이 어디에서 시작되는지 파악할 수 있다. → 나는 비판적인 의견에 얼마큼의 힘을 실어줄지 질문할 수 있다. → 나는 타인의 비판을 무시하는 선택을 내릴 수 있다. → 나는 타인의 비판에 문장을 다르게 표현해달라고 정중하게 요청할 수 있다.

엄청난 빚에 시달릴 때 나는 진짜 내가 될 수 없다. → 나는 돈과 내 정체성을 하나로 묶은 고리를 더 잘 이해할 수 있다. → 빚이 없으면 어떤 모습일지 질문하고 현재 그보다 나은 내가 될 수 있는지 고민할 수 있다. → 나는 빚이 있더라도 행복하게 사는 방법을 재정의할 수 있다. → 나는 주변 사람들에게 빚이 있지만 갚을 의지가 있다는 것을 알릴 수 있다. → 나는 빚이 있다는 사실을 부끄러워하지 않기로 결정할 수 있다. → 나는 빚 문제를 해결하기 위해 노력하고 있다는 점을 자랑스럽게 여길 수 있다.

비판을 극복하는 자신의 능력을 신뢰하는지 아니면 이를 필사적으로 피하고자 도피를 택하는지는 늘 가장 중요한 스토리에 달려 있다. 자신을 비롯해 타인의 반응에 잘 대처하는 자신의 능력을 얼마나 신뢰하는지는 스토리에 부여하는 힘에 따라 달라진다. 당신의 삶과 선택은 온전히 당신의 것이 되어야 마땅하다. 또한 다른 사람의 의견에 대한 두려움 없이 완벽하고 온전하게 진짜 당신이 되겠다고 선택할 자격이 충분하다.

관계를 회복하는 훈련

앞서 도피성 행동을 멈추려면 이를 유도하는 스토리를 파악하고, 질문하고, 재구성한 다음 '먼저 손 내미는' 행동을 연습해야 한다고 설명한 바 있다. 이제 계속해서 어려운 관계에 관한 이론을 파헤쳐 보자. 이론을 적용하기 위해 비판적인 사람을 만나 이야기 나눌 때까지 기다리지 않아도 된다.

이번 장에서는 훈련을 익히면서 연습상대를 계속해서 떠올렸을 것이다. 아직 완료하지 않은 훈련이 있다면 다시 돌아가 마무리해 보자. 조용히 연습상대를 떠올리면서 편한 방법으로 몸에 집중한다. 그런 다음 그 사람 혹은 그 사람과의 교류에 대해 비평가가 하는 말에 귀 기울인다. 이제 생각나는 스토리를 노트로 옮긴 다음 바로 재구성 과정을 시작한다. 마지막으로 연습상대에게 시도할 수 있는 '먼저 손 내미는' 행동을 파악한다. 다음 예를 살펴보자.

약점을 드러내는 연습: 연습상대와 교류할 때는 내 진짜 모습을 솔직하게 보여준다. 진솔한 말과 행동을 하기 위해 의도적으로 노력한다.

긍정적인 마인드: 이 관계가 변할 수 있다는 긍정적인 믿음을 버리지 않겠다고 결정한다.

공감: 연습상대에게 조언하지 않겠다고 스스로 약속한다.

온정: 상대방에게 어떤 방법으로 온정을 베풀 수 있을까?

친절하게 반박하기: 적절한 경계 설정을 미뤄온 탓에 연습상대가 비판하기 시작하면 '별로 기분이 좋지 않아'와 같은 간단한 문장 형태로 친절하게 반박할 수 있다. 또는 스스로에게 친절함을 베풀 수도 있다. 저항하는 것을 멈추고 이 사람에게 약점을 드러내고, 공감하며, 긍정적인 태도로 대하겠는가, 아니면 온정을 베풀겠는가?

인생에서 용기의 가치를 존중하기 위해 굳은 의지를 바탕으로 연습상대와 '먼저 손 내미는' 행동을 훈련해보자. 연습상대가 달라지기를 바라거나 결과에 집착하지 않아야 한다. 앞서 여러 장에서 감정 없이 내면의 비평가에게 경청하는 요령을 연습했다. 비평가가 무슨 말을 하든 사실이라고 받아들이지 않는 것이 핵심이다. 이미 형성된 관계들을 개선하려면 근본적으로 같은 도구를 활용해야 한다. 특히 예전에도 개선이 어려웠던 관계라면 더더욱 그렇다. 예를 들어보자. 한 친척이 당신에게 어떻게 지냈느냐고 물어보면 "뭐, 그냥,

평소처럼 바쁘게 지냈어요"라며 도피하거나 진실을 깎아내리는 대신 솔직하게 자신을 드러내보자. "이직을 고민하고 있어요. 지금 일하는 곳을 정말로 그만두고 싶은데, 앞으로 무엇을 하고 싶은지 이제 좀 윤곽이 잡히는 것 같아요"라고 말할 수 있다.

친척은 아마 이런 반응을 보일 것이다. "이직하기에는 경기가 너무 안 좋아." 그런 다음 본격적인 비판을 시작한다. "MBA 학위 따려고 그렇게 큰돈을 들여놓고 분야를 완전히 바꾸는 그런 바보 같은 일을 하다니 믿을 수가 없어." 만약 내면의 비평가였다면 "다시 말해 줘"라고 했을 것이다. 어쨌든 비평가는 당신의 일부이고 결국 머릿속에서 일어나는 일의 결정권은 당신이 쥐고 있다. 하지만 현실에서는 다른 사람이 고쳐 말하거나 행동을 바꾸도록 만들 수 없다. 비협조적이거나 부정적이고 또는 비판적인 가족과 친구를 대할 때 두 가지 방법을 활용할 수 있다. 먼저, 당신의 감정을 정확하게 전달하고 함께 '먼저 손 내미는' 행동을 찾고 연습하자고 단도직입적으로 부탁한다. 또는 어차피 상대방은 하고 싶은 대로 행동한다는 사실을 인정하고 스스로를 돌보기 위해 적절한 경계를 설정한다. 이를 통해 타인의 부정적인 기운에서 자신을 보호할 수 있다.

자넬의 경우 그녀가 느꼈던 압박감을 남편에게 털어놓고 도와달라고 부탁하자 남편은 더 많은 책임이 생긴다는 생각에 부담을 느끼고 아예 그녀의 말에 귀 기울이려 하지 않았다. 더 이상 의논하려고도 하지 않았다. 자넬은 먼저 남편과 아이들을 대신해 모든 일을 다 해주던 것을 그만두어야 했다. 그래야 남편에게 이제 그녀만을 위한 공간을 만들기 위해 경계를 지킬 것이라는 메시지를 전달할 수 있었다. 이는 남편을 테이블로 이끌어내기 충분했고 두 사람은 대화를 통해 집안일을 공평하게 나눴다.

반편 캐럴린은 아버지와 교류가 전혀 없었다. 그래서 주로 아버지도 그녀를 만나고 싶은지 알기 위해 아버지에게 연락하는 일에 집중했다. 여러 번 시도했지만 아무런 대답이 없었고 처음에는 너무나도 고통스러웠다. 아버지에 대한 감정을 살펴보고 부녀관계의 부재를 슬퍼하며 시간을 보낸 후 캐럴린은 '아버지가 없었기 때문에 그녀의 삶이 어딘가 부족했다'라는 오래된 스토리를 재구성했다. 아버지의 부재로 인해 그녀가 더 고생했는지 정확하게 알 길이 없다는 사실을 깨달았다. 또한 그녀가 먼저 연락을 취한 이후 아버지가 보여준 행동으로 미루어볼 때 어쩌면 오히려 아버지가 없어서 다행이었다는 생각이 들었다. 자넬과 캐럴린의 예는 우리가 이야기한 내용을 관계에 어떻게 적용할 수 있는지를 잘 보여준다.

관계를 개선하고 싶을 때도 용기 습관 과정을 응용할 수 있다. 몸에 집중함으로써 깊게 심호흡할 수 있고 심각한 대화를 나누는 동안 차분함을 유지할 수 있다. 상대방이 하는 말을 감정 없이 경청해보자. 예컨대 상대방이 당신에게 동의하지 않거나 당신의 방식을 따르지 않는다면 감정 없이 듣는 것이 가장 효과적인 대응법이다. 비평가가 불안 때문에 당신의 아이디어를 깎아내리는 것과 마찬가지로 우리를 사랑하는 이들도 두려움과 불안 앞에서는 제한적일 수 있다는 점을 이해해야 한다. 때로는 우리를 두려워하기 때문에 비난한다. 비평가에 대처할 때와 마찬가지로 회피하고 달래고 공격하는 것보다는 서로를 더욱 존중하며 의사소통하고자 하는 사람들과 함께 노력해보자. 나에 대한 혹은 관계의 한계에 대한 제한적 스토리를 재구성해보자. 심지어 비협조적인 사람을 대처할 때도 재구성을 응용할 수 있다. 몇 가지 예를 살펴보자.

당신이 일이 잘못될 가능성에 대해 자주 말한다고 들었는데, 나 역시 비슷한 생각을 한 적이 있어요. 이런 결정을 해서 너무 신나고 앞으로는 당신과 일이 잘될 가능성에 대해 이야기하고 싶어요.

내가 달라 보인다고 말할 때, 목소리 톤에서 조금은 비판적이라는 느낌을 받았어요. 그런가요? 나는 내가 노력하고 있는 변화가 반갑고 기분 좋아요. 응원해달라고 부탁하고 싶어요.

나는 당신의 의견을 존중하고 싶어요. 그리고 당신의 말을 하나도 놓치지 않고 들었어요. 당신이 하는 말에 귀 기울였어요. 하지만 여전히 내 선택이 나한테는 최선의 선택이라고 생각해요.

마지막으로 도피하는 대신 지속적으로 사람들에게 손을 내밀려고 노력해보자. 이미지를 버리고 기꺼이 약점을 드러내보자. 조언하기 전에 공감부터 해보자. 즉, 내가 대우받고 싶은 대로 다른 사람을 대우해야 한다. 상대방이 당신의 선택을 존중할 의사가 없다면 어렵지만 용기 있는 결단이 필요할 수도 있다. 예를 살펴보자.

내 진짜 모습을 지키는 선에서 대화 내용을 제한한다.

만남을 제한할 수 있다. 만나는 횟수를 줄이거나 직접 방문보다는 이메일과 전화통화를 활용하는 등 특정 수단을 통해서만 소통한다.

가까이에서 교류하되 정중한 의사소통의 필요성에 대해 끊임없이 말할 수 있다.

지금은 대화를 이어가기에 적절한 때가 아니라고 정중하게 밝히고 서로를 존중한다는 전제하에 대화를 다시 시작할 생각이 있다고 말한다.

관계를 끝내기로 결정했다고 당당하게 말해야 할지도 모른다.

상대방이 어떤 행동을 하든 측은지심으로 바라보겠다고 결심할 수 있다.

이러한 선택 사이에서 고민하는 고객으로부터 종종 이런 질문을 받는다. "어떤 선택을 내릴지 어떻게 알죠?" 정답을 알려줄 수는 없지만 그들에게 관계를 끝내기 전에 최선을 다하라고 조언한다. 간단한 몇 마디로부터 변화가 시작될 수 있다. "있잖아, 문제가 좀 있는 것 같아. 같이 얘기할 수 있어?"

주변 사람들과 더욱 친밀하게 교류하고 당신처럼 용기 있는 삶을 위해 노력하는 사람들을 만나고 싶다면 용기 습관의 4단계를 인간관계에 적용해보자. 몸에 집중하면서 자신의 감정에 솔직해져야 한다. 감정 없이 들으면서 내면의 비평가와 다른 사람의 지적과 비난에 주목해본다. 타인과 당신에 대한 제한적 스토리를 살펴보고 재구성한다. 마지막으로 용기의 가치를 행동으로 실천함으로써 다른 사람에게 더욱 적극적으로 다가가고 보다 폭넓은 커뮤니티를 만든다.

파급효과를 일으켜라

용기 습관 과정은 어려운 대화를 헤쳐 나갈 때 외에도 얼마든지 응용할 수 있다. 앞서 만난 세 아이의 엄마 자넬이 전화를 걸어와 흥미로운 질문을 했다. "케이트, 이러한 단계를 육아에 적용해본 적 있어요? 제 아이들에게 용기 습관을 가르쳤어요!" 그녀는 특히 힘들었던 어느 날, 첫째와 둘째를 데리고 논쟁을 벌이던 도중 잠시 멈추고 눈을 감은 후 몸에 집중했다고 설명했다. 그러자 아이 한 명이 무엇을 하느냐고 물었다.

"몸에 집중하고 있어." 아이의 질문에 그녀가 대답했다. "잔뜩 긴장 돼서 좀 쉬어야 할 때 엄마가 하는 거야."

"나도 해볼래요." 아이가 말했다.

이후 벌어진 일에 자넬은 깜짝 놀랐다. 다음에 또 말다툼하게 되면 모두 잠깐 멈추고 몸에 집중한 다음 상대방이 하는 말을 잘 들어야 한다고 아이들에게 알려주었다. 그런 다음 누군가 나쁜 말을 하면, 그래서 기분이 안 좋고 슬프거나 상처받으면 서로 '다시 말해주세요'라고 부탁하라고 설명했다.

아들이 다른 아이가 여전히 못되게 굴면 어떻게 해야 하느냐고 물었을 때 자넬은 잠시 할 말을 잃었다. 그렇지만 이내 제한적 스토리를 재구성하는 작업을 아들에게 설명할 좋은 방법이 떠올랐다. "가끔 사람들은 화를 내고 못되게 굴어. 하지만 화해할 수 있어. 이 사람들을 더 이상 사랑하지 않는다거나 이제는 우리의 친구가 아니라는 뜻이 아니야." 그녀는 그러고 나서 먼저 손 내미는 방법을 알려주었다고 설명했다. 얼마든지 다른 친구와 놀 수 있고 하고 싶은 말이 있으면 항상 엄마한테 오면 된다고 덧붙였다고 했다.

상담을 진행했던 사람들은 용기 습관의 각기 다른 단계를 응용해 배우자와의 의사소통을 개선했다. 갈등을 겪을 때만 이러한 도구가 필요한 건 아니다. 테일러는 얼마 전 남편 펜과 결혼했다. 한번은 남편이 그녀가 상담을 받으면서 어떤 훈련을 하는지 너무 궁금해했다고 말했다. 그래서 용기 습관의 4단계에 대해 말해주었고 두 사람은 매일 저녁을 먹으면서 이에 대해 이야기했다. 테일러와 벤은 식사하기 전에 심호흡을 하고 서로와 함께하는 현재에 진정으로 집중하기로 했다. 하지만 직장에서 스트레스를 받을 때면 벤이 쉽게 무너져 내렸다. 그래서 두 사람은 약속했다. 힘든 날에도 테일러에게 무슨 생각을 하는지 이야기함으로써 타인에게 먼저 손 내미는 전략을 실천에 옮기기로 말이다. 테일러는 조언하는 대신 공감하면서 경청함으로써 타인에게 먼저 다가가는 연습을 하기로 했다. 원래 벤은 조언을 받는 쪽이 되는 것을 끔찍이도 싫어했다. 그러나 테일러가 자신이 하는 말에 귀 기울이고 있다는 신뢰가 생기자 벤은 더 많은 이야기를 털어놓았고 두 사람은 서로에게 더 가까워진 것을 느꼈다.

한 사람이 용기 습관 과정에 참여하기로 결정하면 파급효과가 발생한다. 처음 세 단계는 내면을 단련하도록 도움을 준다. 마지막 단계인 타인에게 먼저 손 내미는 훈련을 끝으로 용기 있는 삶을 위한 노력은 다시 원점으로 돌아온다. 가장 좋은 점은 누군가를 '개종'하기 위해 애쓸 필요가 없다는 것이다. 직접 용기의 가치를 존중하고 가장 용기 있는 자아를 선보임으로써 다른 사람들의 주의를 집중시킬 수 있고 당신을 더욱 행복하고 활기 넘치게 만든 것에 대한 관심을 유도할 수 있다. 그들 역시 두려움이나 자기회의로부터 벗어나고 싶어 하므로 훈련 과정에 호기심을 느낄 것이다.

고객(대부분 여성)이 상담에 가져오는 문제들은 대개 지극히 개인적인 것들이다. 그러나 우리 사회가 직면한 집단 문제에서 기인한 것들도 있다. 자넬의 경우 끊임없이 자기를 희생해야 한다는 우리 사회의 요구 때문에 엄마로서 심한 압박감에 시달렸다. 사회는 아이를 낳고 엄마가 된 여성들에게 육아, 금전적 지원, 또는 감정적 지원을 충분히 제공하지 않는다. 부모님과 단절된 채 살았고 자신의 잘못이 아니었는데도 엄청난 집에 허덕였던 캐럴린은 사회 안전망이 없고 최악의 상황에서 가장 심각한 고통을 받는 수많은 사람들 중 한 명이었다. 이러한 점들을 고려하면 개인적인 노력은 훨씬 더 큰 문제에 반창고를 붙이는 것이나 다름없다.

하지만 이러한 관점은 집단적 행동을 위한 탄력성을 높여주는 개인적 노력의 필요성을 간과한다. 우리에게는 개인적인 두려움을 극복하고 보다 폭넓은 변화를 꾀하기 위한 여러 도구가 필요하다. 주변을 둘러보면 진정으로 변화가 필요한 문제가 보이기도 한다. 그럼에도 비평가는 비관론자 유형에 갇혀 '이 문제는 너무 커. 현실적으로 생각해 봐. 문제 해결을 위해서 할 수 있는 것이 아무것도 없어'라고 말한다. 개개인이 용기를 훈련하는 것만이 문제를 폭로하고 자기회의에 빠지는 대신 행동함으로써 두려움을 극복하는 세상을 만드는 방법이다.

이제 마지막 조각만 남았다. 전체 과정은 내가 코칭 상담을 진행하는 순서와 많이 닮아 있다. 시간을 내서 관찰하고 그동안의 성과를 살펴본 다음 전체 과정 중에 이 문제가 해결되었다고 선언한다. 다음 장에서는 스스로의 발목을 붙잡는 마지막 공간을 파악할 수 있는 기회가 주어진다. 지금까지 이룬 자랑스러운 성과에 흠뻑 취할 것은 독려할 것이다. 숨을 크게 들이마신 다음 당신이 얼마나 놀라운 사람인지 그리고 얼마나 많이 성장했는지에 대해 솔직하게 이야기해보자.

7장

용감한 인생 돌아보기

이 모든 여정이 시작된 것은 비가 추적추적 내리던 샌프란시스코의 어느 우울한 겨울 아침에 내가 의욕 없이 잠에서 깼기 때문이었다. 당시 나는 상당히 오랜 기간 동안 연달아 기운 없이 아침을 맞고 있었다. 나는 이 감정에 주목하고 무엇이 나를 여기까지 데리고 왔는지 그리고 변화를 위해 무엇을 해야 하는지 스스로에게 질문하기로 결심했다. 특히 직장에서 왜 행복하지 않았는지 솔직하게 살펴본 것이 더 큰 변화의 촉매제 역할을 했다. 그동안 두려움을 기반으로 했던 선택들을 솔직하게 인정하고 내가 스스로 정한 한계를 이해하고 없애야 했다. 또한 나의 가장 용기 있는 자아가 모습을 드러낼 수 있도록 해야 했다.

이 과정을 직접 거쳤고 또 이후 새로운 도전 과제와 두려움이 있을 때마다 주기적으로 이 과정으로 돌아왔기 때문에 나는 용기 습관 단계를 거치며 노력을 기울이는 다른 사람들을 응원하고 지지할 수 있었다. 피로와 불만족, 그리고 우리 몸이 보내는 신호는 귀 기울일 만한 가치가 있다. 잠깐만 방심해도 두려움에서 시작된 행동은 자신도 모르는 사이에 길을 벗어나게 만든다. 하지만 주안점을 파악하고 가장 용기 있는 자아가 누구인지 이야기한 후 대범한 자아가 나타날 수 있는 환경을 만들면서 우리는 더 큰 목표를 향해 전진할 수 있다. 다음으로, 변화를 위한 행동을 실천하고 용기 습관의 4단계를 훈련한다. 궁극적인 훈련의 목적은 목표 자체도, 주안점 달성도 아니다. 변화를 위한 집중 전략은 현관문이다. 이 문을 지나면 원하는 삶을 만들기 위해 이전과는 다른 방식으로 일하고, 더 큰 꿈을 꾸고, 창의력을 발휘하고, 그리고 감정적 위험을 감수할 수 있다.

용기 습관이 활용하는 도구의 가장 큰 장점은 목표를 넘어 더 용감한 삶의 방식으로 우리를 인도한다는 것이다. 더 용감하고 활기 넘치는 삶을 살기 위해 우리가 거쳐야 하는 단계들이다. 나는 사람들이 절대 불가능하다고 믿었던 일들을 자신의 행복을 위해 현실로 옮기는 것을 경건한 마음으로 지켜봤다. 사람들은 자신의 목소리를 찾았다. 고압적인 친척에 맞섰고 고착화된 집안의 행동 패턴을 바꾸었다. 또한 중독에 맞섰고 모든 것을 포기했으며 전 세계를 여행했다. 다른 사람들에게는 평범해 보여도 자신의 영혼에는 특별했던 일을 하기 위해 좋은 직장을 그만두었다.

또한 나는 이러한 도구가 한 사람의 개인적인 목표 달성을 넘어서는 것을 직접 목격했다. 고객들은 용기 습관을 육아, 사회활동, 교육, 비영리단체, 예술가, 또한 기업문화 개선 등에 활용했다. 배우고 공유하고 또 남들과 함께할 수 있는 실용적인 도구다. 사람들이 이를 훈련한다면 매우 놀라운 결과를 얻을 수 있다. 더 많은 사람들이 용기를 훈련하는 세상이 눈앞에 그려진다. 두려움에 당당히 맞서고 또 공동의 문제를 해결하는 것이 가치 있는 일이라고 생각하는 그런 세상을 말이다.

이번 장에서는 지금까지의 과정을 돌아보고 투자한 노력의 결과를 진심으로 자랑스러워할 수 있도록 설계된 평가와 검토를 완료할 것이다. 그 전에, 퍼즐의 마지막 조각인 "아직 부족해"라는 스토리와 관련해 도움말을 제공해야 할 것 같다. 이 스토리는 지금까지의 성과를 객관적으로 보는 데 방해가 된다.

성장이라는 과정

지금까지의 훈련을 보면, 열심히 해도 여전히 일을 끝까지 마무리 짓지 못하거나 어려움에 부딪히기도 하고 한곳에 갇혀 옴짝달싹 못할 때가 있을 것이다. 예를 들어, 주안점의 중요성을 깨닫게 되었지만, 아무리 노력해도 아직 부족하다. 이로 인해 실망하게 되고 이러한 감정이 변화가 불가능하다는 것을 보여주는 반박할 수 없는 '증거'라고 주장하는 비평가를 오히려 부추기게 된다. 또한 그동안의 노력에도 불구하고 '이 일은 불가능해'라는 스토리를 재구성하는 것이 더욱 어려워진다.

그렇다면 이 과정이 제 역할을 못 한 것일까? 분명 진전이 있었지만 여전히 벗어날 수 없는 문제가 있다면 어떻게 해야 할까? 이럴 때는 변화의 과정을 전적으로 신뢰하고 용기 습관의 4단계로 다시 돌아가야 한다. 몸에 집중하면서 감정에 주목해보자. 비평가의 말과 그로 인해서 생겨나는 스토리를 감정 없이 들어보자. 스토리는 '이것보다 더 나아가야 하는데' 혹은 '그러면 안 되는데 아직도 삶이 정체되어 있는 것 같아' 등을 포함한다. 살다가 어려움에 부딪혀도 여전히 선의는 살아 있고 여정에서 투자한 것이 충분히 가치 있다는 것을 반복해서 알려줄 누군가에게 도움을 요청해보자.

과정을 신뢰한다는 것은 곧 완벽주의를 버리고 행복이 우리 손에 달려 있다고 믿는 것이다. 덜 완벽한 사람으로 덜 완벽한 인생을 살아갈 수 있는 여유를 스스로에게 선물해보자. 완벽하게 모든 일을 하지 않아도 행복할 수 있다. 바꿀 대상을 명확하게 알고 있고 예상보다 현재 진전 속도가 한참 더디지 않다면 말이다. '행복한 삶'을 모든 것이 완벽하게 포장되어 있어 진정한 행복이 어떤 모습인지 그려지지 않는 삶이라고 말하는 언론과 할리우드 영화들로부터 우리는 세뇌당하고 있다.

진정으로 행복한 삶에는 지저분하고, 완성되지 못한, 때로는 한곳에 정체된 순간들이 담겨 있다. 또한 영혼의 부름을 따라가거나, 현 상황을 절대로 용납하지 않거나, 혹은 꿈을 이뤘던 아름다운 순간들도 담겨 있다! 행복하고 용감한 삶은 양자택일의 문제가 아니다. 지저분하고 미완성 상태이거나 정체된 것들은 우리의 성장 과정을 반영하며 앞으로도 사라지지 않을 것이다.

'영원한 대담함'이라는 거짓에서 벗어나야 하는 것처럼, 오직 결과를 달성했을 때만 우리가 성장하며 '완벽한' 삶을 살 수 있다는 거짓에서도 벗어나야 한다. 성장을 올바른 문맥에서 고려해야 한다. 성장은 장거리 시합이다. 더 성장할 때도 있고 덜 성장할 때도 있다. 이 책에 나온 모든 사람들이 주안점을 목표로 세우고 용기 습관의 단계를 훈련하기 전보다 나은 삶을 살고 있다고 장담할 수 있다. 하지만 아무런 역경도 고난도 없는 완벽한 인생을 사는 사람은 단 한 명도 없다.

내 경우에는 인생을 바꾸기 위한 노력을 시작한 이후 진정 나다운 삶을 만들 수 있었다. 믿기 어려울 만큼 운이 좋았다. 그럼에도 어려움에 부딪힌다. 자가면역질환 진단을 받기도 했고 당시에는 도저히 극복할 수 없을 것 같았던 경제적 어려움도 겪었으며 친구를 잃기도 했다. 이 외에도 수많은 장벽을 마주해야 했다.

하지만 나는 그럴 때마다 문제 해결을 위해 용기 습관의 과정을 활용했다. 그리고 용기 습관 단계에 대한 믿음을 유지했기 때문에 나는 어려운 상황을 극복하고 멋진 성과를 거둘 수 있었다! 연인이자 가장 좋은 친구인 남자와 결혼했고 직접 회사를 만들어 CEO가 되었다. 의사로부터 꽤 단호하게 난임진단을 받고 불임치료도 모두 실패한 후 나는 건강한 딸을 출산했다. 단순히 친구를 넘어 영혼의 동반자인 친구를 만났고, 뉴스에 기고했다. 경제적 안정감과 내 시간에 대한 주도권을 되찾았다. 모두 용기 습관의 도구를 사용하기 전에는 불가능해 보였던 것들이다. 그래서 장거리 시합이다. 우리는 늘 어려움에 부딪힐 것이다. 하지만 용기 습관을 무기 삼아 난관에 맞선다면 앞으로도 가장 용기 있는 자아로서 살아갈 수 있다.

과정을 믿고 성장을 올바른 문맥 안에서 해석하는 것은 행복한 삶은 사는 비결 중 하나이다. '되어야' 하는 모습에 대해 내가 가지고 있는 스토리를 파악하고 벗어나는 것, 또 원하는 곳에 갈 수 있도록 스스로에게 자유를 주는 것, 현재 하고 있는 과정을 믿는 것, 이런 모든 행동들이 어려움을 극복하고 더 나은 삶을 사는 데 도움이 된다. 현재 위치에 만족하고 지금까지의 성과를 자랑스럽게 생각함으로써 안심할 수 있다.

'더 멀리 갔어야 하는데 혹은 ___________에서 막혀 있는 것을 보면 내가 정말로 용감해지지 않았다는 뜻이야'라는 스토리를 믿고 있다면, 지금 바로 이러한 스토리를 해체해야 한다. 종이에 적은 다음 5장에서 배웠던 대로 스토리에 질문해보자. 그런 다음 과정에 대한 신뢰를 회복하는 방향으로 재구성해보자.

이러한 스토리에 질문하고 재구성하는 것이 어렵다면, 이 여정을 처음 시작했을 때의 기분을 떠올려보자. 이 책을 처음 펼쳤을 때의 느낌을 말이다. 그때는 두려움에 어떻게 대처했는가? 무시하려고 애쓰거나 아예 상대하지 않았는가? 가장 큰 꿈이 인생에서 얼마나 중요했는가? 꿈을 자유롭게 펼칠 수 있었나?

이후 어떤 변화가 있었는지 생각해보자. 나는 당신에게 완벽해졌는지, 이제 인생이 뜻대로 흘러가는지, 주안점을 '달성'했는지 묻지 않았다. 물론 이런 일들을 이뤄냈다면 칭찬받아 마땅하다. 하지만 무엇이 변했는지에 주목하고 성장하고 변화하는 내 모습에 집중하는 것만으로도 충분하다. 사실, 이것이 가장 중요한 점이다. 용기라는 과정을 존중하는 방법이고 용감한 삶을 사는 방법이기 때문이다.

수년간 훈련해왔지만 새로운 영역을 전할 때마다 어느 정도 두려움이나 자기회의를 느낄 수밖에 없다는 것을 나는 잘 알고 있다. 이러한 감정을 아직 느낀다고 해서 내가 실패했다고 생각하지는 않는다. 대신 두려움의 신호가 사라지지 않는다는 점을 다시 한번 기억한다. 우리 인생에서 두려움을 완전히 배제하는 것은 불가능하기 때문이다. 그리고 내 행동을 다시 점검한다. 두려움과 자기회의를 내게 굉장히 소중한 것이 있다는 것을 알려주는 신호라고 생각할 수도 있다. 습관처럼 자리 잡은 오래된 방법으로 두려움에 대처하는 대신 호기심을 갖고 살펴본다. 그러면 두려움은 종종 흥분으로 바뀌기도 한다! 용기 습관의 각 단계를 충실히 실천할 의지만 있다면 멋진 결과에 도달하리라는 것을 나는 잘 알고 있다. 지금보다 더 달콤

한 인생이 될지도 모른다. 이러한 도구를 열심히 활용하는 동안 너무나도 많은 가능성이 당신을 기다리고 있다.

돌아보고 평가하라

마무리하기 전에 지금까지의 과정을 돌아보고 평가해보자. 각 질문에 답하면서 그동안 이룬 성과를 진심으로 자랑스럽게 생각하는 마음의 위치를 찾음으로써 몸에 집중해보자. 스스로를 대견해할 때 몸에서 느껴지는 흥분의 떨림이 감지되는지 살펴보자. 비평가가 나타나서 축하받을 만큼 노력하지 않았다고 말한다면 '다시 말해주세요' 전략을 사용하자. 그리고 비평가가 말하는 스토리를 재구성해보자. 그런 다음 다시 성과를 축하하며 흥분되고 신나는 기분을 찾도록 자신을 독려해보자.

이 책을 통해 익힌 신호-행동-보상 고리를 훈련에 적용했다면, 스스로를 축하하는 이 과정이 궁극적인 보상이다! 그동안 투자한 노력을 진심을 다해 축하해보자. 할 만큼 충분히 노력했어! 이 책을 읽으면서 충분히 노력했다는 스토리를 믿는 것은 가장 용기 있는 자아를 응원하는 길이기도 하다. 더 노력했어야 했다는 스토리를 믿는 대신 지금까지 노력한 자신을 칭찬해보자.

1. 처음 여정을 시작했을 때 나는 어떻게 두려움에 대처했는가? 내 안에 있는 비평가를 회피했는가, 만족시켰는가, 아니면 공격했는가?

2. 두려움을 느끼면 나는 구체적으로 어떤 행동을 하는가? 행동, 말, 생각, 믿음 등 어떤 점을 찾았는가? 신호-행동-보상 고리 중에서 어떤 유형에 속했는가?
3. 이 훈련을 위해서 선택한 세가지 주안점은 무엇이었는가?
4. 당신의 가장 용기 있는 자아와 그(그녀)가 원하는 일상을 설명해보자.
5. 어떤 방법으로 몸에 집중하는 훈련을 했는가? 그리고 얼마나 꾸준히 연습했는지 적어보자. 더 꾸준히 하고 싶다 등 훈련 방식에서 바꾸고 싶은 부분이 있는가? 시도해보고 싶은 다른 방법이 있는가?
6. 몸에 집중하는 훈련이 어떻게 도움이 되었나? 훈련에서 얻은 통찰력을 구체적으로 생각해보자. 스트레스를 줄이거나 두려움에 대한 습관적인 반응을 방지하는 데 도움이 되었을 수 있다.
7. 훈련을 시작하기 전에는 비평가에 어떻게 대응했는가? 회피하거나 외면했는가? 혹은 맞서 싸웠는가?
8. 비평가와의 관계에서 어떤 점을 바꿨는가? 예를 들어, 감정 없이 듣는 방법을 몇 번이라도 시도해봤는가? 비평가가 받은 상처를 생각하며 안쓰럽게 생각하는가?
9. 비평가가 아직 노력이 부족하다고 말하는 것들은 구체적으로 무엇인가? 비평가가 하는 말을 그대로 적어보자. 한 마디씩 적을 때마다 숨을 들이마시자. 지금 바로 이를 바로잡을 필요는 없다. 물론 원한다면 '다시 말해주세요' 전략을 활용할 수 있다. 비평가를 인지하고 비평가의 목소리를 바꾸기 위해 지속적인 노력을 기울이겠다는 생각만으

로도 충분하다.

10. 이 과정에서 어떤 제한적 스토리를 극복했는가? 기존의 스토리와 재구성한 문장을 적어보자.
11. 훈련을 시작하기 전에는 얼마나 자주 사람들에게 먼저 다가갔는가? 지금은 '먼저 손 내미는' 행동을 얼마나 자주 하는가? 누구와 함께 훈련하는가(낯선 사람, 가족, 아이들, 직장동료 등)?
12. 훈련을 하면서 주안점이 어떻게 바뀌었는가? 바뀌지 않았을 수도 있다. 바뀌었는지를 살펴보는 기회로 삼아보자.
13. 훈련을 하면서 가장 용기 있는 자아는 어떻게 바뀌었는가? 추가로 얻은 통찰력이나 깨달음, 더 강해진 욕구, 새로운 방향 등을 떠올려보자. 이는 긍정적인 변화다. 훈련에 집중했음을 뜻한다!
14. 훈련을 통해 용기의 가치를 존중함으로써 당신의 인생뿐만 아니라 타인의 삶에 어떤 혜택이 발생했는가? 즉, 당신의 가족, 커뮤니티, 직장, 그리고 세상에 어떤 파급 효과가 일어났는가?

위 질문들을 생각한 후에는 지금까지의 과정을 더욱 뜻 깊게 만들어보자. 바로 용기 습관을 마무리하고 있는 사람에게 당신이 겪은 과정과 질문들을 공유하는 것이다. 또는 질문들을 위한 일종의 추모 공간을 만들 수 있다. 답을 적은 종이를 접은 다음 베개 아래에 넣거나 흙에 심어도 좋다. 개인적으로 질문에 대한 답을 봉투에 넣고 날짜를 쓴 다음 눈에 띄지 않는 곳에 넣어두는 방법을 선호한다. 1년이 지난 후 알림이 울리면 봉투를 꺼내 읽어본다. 노력을 기울인 스스로가 대견하고 감사할 뿐만 아니라 자신이 이룬 성과가 자랑스러울 것이다.

고객이 상담을 마무리하고 싶어 할 때면 나는 이번 코칭이 완료되었음을 선언한다. 고객도 나도 그들이 언제나 더 다양한 방법으로 성장하기를 원할 것이고, 지금까지 겪은 과정은 처음과 중간, 그리고 끝으로 이루어져 있으며, 이제 혼자서 성장 과정을 지속할 도구를 갖고 있다는 점을 분명하게 알고 있다. 헤어지기 전 나는 새로운 시작점에 선 사람들에게 앞으로 무엇을 만들고 싶은지 항상 물어본다. 수평선에서 무엇이 손짓하는가? 어떤 모험이 기다리고 있는가? 이제 당신과의 용기 습관 과정을 마무리하면서 당신에게도 같은 질문을 던지고자 한다.

먼저, 훈련이 완료되었음을 선언하고 지금까지의 변화를 간단히 요약해보자. 아래에 예시 문장들이 나와 있다. 한 가지 변화를 고른 다음 용기 습관 과정 동안 써온 일기장에 적어보자.

- 예전에는 ______라는 믿음에 갇혀 있었는데, 지금은 ______ 라는 것을 깨달았다.
- ______ 라는 기분이 ______ 라는 기분으로 바뀌었다.
- 예전에는 ______와 관련하여 도움이 필요했었는데, ______ 를 위

해 행동을 실천한 나 자신이 자랑스럽다.

- 예전에는 _______ 때문에 힘들었는데, 지금은 더 ___________ 할 수 있다.
- 예전에는 _________가 더 두려웠는데, 지금은 _________ 할 만큼 용감해졌다.

이 새로운 시작점에서 당신은 무엇을 만들고 싶은가? 당신은 지금까지 자아 탐구라는 여정을 걸어왔다. 그리고 그 과정에서 두려움이 길을 막아도 어려운 질문들을 끈질기게 던졌다. 이제 자신에게 물어보자. 다음은 무엇인가? 앞으로 어떤 점을 지속적으로 노력해야 할까? 앞으로 12주간의 삶을 생각해보자. 용기 습관을 처음으로 시작했다면, 자신과 자신의 능력에 대해 많은 것을 깨달은 후에 이 새로운 시작점에 서 있다. 무엇을 만들고 싶은가? 종종 이미 목표로 정한 주안점을 계속해서 다듬겠다고 말하는 고객이 있는데, 이 경우 '새로운' 주안점이자 목표는 '_______를 위해 계속해서 노력하기'이다. 반면 새로운 비전을 발견했으며 팔을 걸어 부치고 앞으로 어떤 일을 경험하게 될지 신난다고 말하는 고객도 있다. 온전히 당신 마음에 달려 있다.

바로 생각나는 것이 있다면 적어보자. 나머지는 잘 알고 있을 것이다! 아니면 가장 용기 있는 자아를 정의했던 1장으로 돌아가자. 1장이 끝날 때 구체적인 세 가지 주안점을 선택했다. 당연히 목록에 포함되지 못한 목표도 있을 것이다. 지금이 그 목표에 도전할 완벽한 기회이다. 또는 초보의 마음가짐으로 가장 용기 있는 자아를 정의하는 훈련을 하나씩 다시 해보자.

용기 습관 훈련을 삶의 일부로 만드는 또 다른 방법은 계절성을 부여하는 것이다. 해마다 새해 전에 남편과 나는 데이트를 한다. 그리고 새로 시작될 1년 동안 되고 싶은 것이나 하고 싶은 것, 또는 갖고 싶은 것을 스스로에게 물어본다. 각자 바람을 적은 다음 서로 공유하고 주기적으로 서로 확인하는 시간을 갖는다. 나는 1년 동안 이루고 싶은 목표와 관련된 활동을 알림처럼 달력에 적어두는데, 주기적으로 진행상황을 점검할 수 있어 좋다.

어떤 길을 선택하든, 지금 시간을 투자해 새로운 세 가지 주안점을 적는 것이 중요하다. 용기의 가치를 존중하고 오래된 행동 패턴에 다르게 반응하는 훈련에는 지속적인 노력이 필요하다. 하지만 이제는 응용 가능한 도구와 전략들을 모두 알고 있으므로 혼자서도 얼마든지 할 수 있다. 충분히 혼자 힘으로 해낼 수 있다!

이 책의 일부가 되어준 당신에게 너무나도 감사하다. 당신은 내가 이 책을 쓰는 과정의 일부이다. 조금이나마 당신의 개인적인 성장의 일부가 될 수 있어서 큰 영광이었다. 한 마디 한 마디를 쓸 때마다 당신 같은 사람들을 떠올렸다. 이 도구들을 사용해서 자신과 주변에 있는 사람들을 위한 더 나은 삶을 만들게 될 이들을 말이다. 진심을 다해 감사의 큰절을 올린다.

참고서적

Ashby, F. G., B. O. Turner, and J. C. Horvitz. 2010. "Cortical and Basal Ganglia Contributions to Habit Learning and Automaticity." Trends in Cognitive Sciences 14(5): 208-215. 검색은 https://labs.psych.ucsb.edu/ashby/gregory/reprints/sdarticle.pdf.

Blackledge, J. T. 2015. "Comparing ACT and CBT: Defusion vs. Restructuring." March 10. https://www.newharbinger.com/blog/comparing-act-and-cbt-defusion-vs-restructuring.

Brown, B. 2015. Daring Greatly: How the Courage to Be Vulnerable Transforms the Way We Live, Love, Parent, and Lead. London: Penguin.

Chödrön, P. 1997. When Things Fall Apart: Heart Advice for Difficult Times. Boulder, CO: Shambhala Publications.

Christou-Champi, S., T. F. D. Farrow, and T. L. Webb. 2015. "Automatic Control of Negative Emotions: Evidence That Structured Practice Increases the Efficiency of Emotion Regulation." Cognition and Emotion 29(2): 319-331.

Crocker, J., M. A. Olivier, and N. Nuer. 2009. "Self-Image Goals and Compassionate Goals: Costs and Benefits." Self Identity 8(2-3): 251-269. 검색은 https://www.ncbi.nlm.nih.gov/pmc/articles/PMC3017354.

Duhigg, C. 2014. The Power of Habit: Why We Do What We Do in Life and Business. New York: Random House.

Dutra-St. John, Y., and R. Dutra-St. John. 2009. Be the Hero You've Been

Waiting For. Walnut Creek, CA: Challenge Associates.

Dzierzak, L. 2008. "Factoring Fear: What Scares Us and Why." Scientific American. 검색은 https://www.scientificamerican.com/article/factoring-fear-what-scares.

Goldin, P. R., and J. J. Gross. 2010. "Effects of Mindfulness-Based Stress Reduction (MBSR) on Emotion Regulation in Social Anxiety Disorder." Emotion 10(1): 83-91.

Hallis, L., L. Cameli, F. Dionne, and B. Knäuper. 2016. "Combining Cognitive Therapy with Acceptance and Commitment Therapy for Depression: A Manualized Group Therapy." Journal of Psychotherapy Integration 26(2): 186-201.

Hannah, S. T., P. J. Sweeney, and P. B. Lester. 2010. "The Courageous Mind-Set: A Dynamic Personality System Approach to Courage." In The Psychology of Courage: Modern Research on an Ancient Virtue, edited by C. L. S. Pury and S. J. Lopez, 125-148. Washington, DC: American Psychological Association.

Hayes, S. C. 2005. Get Out of Your Mind and Into Your Life: The New Acceptance and Commitment Therapy. Oakland, CA: New Harbinger Publications.

Huber, C. 2001. There Is Nothing Wrong With You. Rev. ed. Murphys, CA: Keep It Simple Books.

Kabat-Zinn, J., A. O. Massion, J. Kristeller, L. G. Peterson, K. E. Fletcher, L. Pbert, W. R. Lenderking, and S.F. Santorelli. 1992. "Effectiveness of a

Meditation-Based Stress Reduction Program in the Treatment of Anxiety Disorders." American Journal of Psychiatry 149(7): 936-943.

Lerner, H. 2014. The Dance of Anger: A Woman's Guide to Changing the Patterns of Intimate Relationships. New York: William Morrow.

Mascaro, J. S., A. Darcher, L. T. Negi, and C. L. Raison. 2015. "The Neural Mediators of Kindness-Based Meditation: A Theoretical Model." Frontiers in Psychology 6: 109. 검색은 https://www.ncbi.nlm.nih.gov/pmc/articles/PMC4325657.

Mohr, T. S. 2015. Playing Big: Practical Advice for Women Who Want to Speak Up, Create, and Lead. New York: Avery.

Mullan, B., V. Allom, and E. Mergelsberg. 2016. "Forming a Habit in a Novel Behavior: The Role of Cues to Action and Self-Monitoring." EHP: Bulletin of the European Health Psychology Society 18: 686.

Nelson, S. 2013. Friendships Don't Just Happen. Nashville, TN: Turner.

Pury, C. L. S., and S. J. Lopez. 2010. The Psychology of Courage: Modern Research on an Ancient Virtue. Washington, DC: American Psychological Association.

Rodriguez, T. 2016. "Study Links 'Neuroflexibility' of Ventromedial Prefrontal Cortex with Stress Resilience." Psychiarty Advisor. August 2. http://www.psychiatryadvisor.com/anxiety/positive-health-outcomes-seen-with-active-coping-strategies/article/513438.

Reuell, P. 2015. "How the Brain Builds New Thoughts." Harvard Gazette.

검색은 http://news.harvard.edu/gazette/story/2015/10/how-the-brain-builds-new-thoughts.

Schiller, D. 2010. "Snakes in the MRI Machine: A Study of Courage." Scientific American. July 20. https://www.scientificamerican.com/article/snakes-in-the-mri-machine.

Scott, W., K. E. J. Hann, and L. M. McCracken. 2016. "A Comprehensive Examination of Changes in Psychological Flexibility Following Acceptance and Commitment Therapy for Chronic Pain." Journal of Contemporary Psychotherapy 46: 139-148.

Swaminathan, N. 2007. "The Fear Factor: When the Brain Decides It's Time to Scram." Scientific American. August 23. https://www.scientificamerican.com/article/the-brain-fear-factor.

Tessler, B. 2016. The Art of Money: A Life-Changing Guide to Financial Happines. Berkeley, CA: Parallax Press.

University College London. 2009. "How Long Does It Take to Form a Habit?" August 4. https://www.ucl.ac.uk/news/news-articles/0908/09080401.

Vanzant, I. 2001. Yesterday, I Cried: Celebrating the Lessons of Living and Loving. New York: Fireside.

Yin, H. H., and B. J. Knowlton. 2006. "The Role of the Basal Ganglia in Habit Formation." Nature Reviews Neuroscience 7(6): 464-476.

나는 생각보다 용감하다

1판 1쇄 찍음 2018년 11월 5일
1판 1쇄 펴냄 2018년 11월 12일

지은이 케이트 스워보다
옮긴이 김은지
펴낸이 조윤규
편집 민기범
디자인 홍민지

펴낸곳 생각의서재
등록 2017년 1월 6일 제2017-000050
주소 (07788) 서울특별시 강서구 마곡중앙로 161-17 보타닉파크타워1 612호
전화 영업부 02-3661-7283 / 기획편집부 02-3661-7284 | 팩시밀리 02-3661-7285
이메일 houseofthinking@naver.com

ISBN 979-11-961926-9-3 03190

이 도서의 국립중앙도서관 출판예정도서목록(CIP)은 서지정보유통지원시스템 홈페이지(http://seoji.nl.go.kr)와 국가자료공동목록시스템(http://www.nl.go.kr/kolisnet)에서 이용하실 수 있습니다. (CIP제어번호 : CIP2018033206)